Gütersloher Taschenbücher / Siebenstern 205

Peter Spangenberg

Der Stein der tanzenden Fische

Fabeln und Einfälle zur biblischen Weisheit

Gütersloher Verlagshaus
Gerd Mohn

Originalausgabe

CIP-Kurztitelaufnahme der Deutschen Bibliothek

Spangenberg, Peter
[Sammlung]
Der Stein der tanzenden Fische:
Fabeln und Einfälle zur biblischen Weisheit.
Original-Ausgabe., 1. Auflage. – Gütersloh:
Gütersloher Verlagshaus Mohn, 1976
(Gütersloher Taschenbücher Siebenstern: 205)
ISBN 3-579-03965-2

Gesamtherstellung: Clausen & Bosse, Leck
Umschlagentwurf: Dieter Rehder, Aachen unter Verwendung
von Illustrationen von Ruth Hagen-Torn, Stuttgart
Printed in Germany

Alle Weisheit kommt von Gott dem Herrn
und ist bei ihm in Ewigkeit.
Wer kann sagen, wieviel Sand das Meer,
wieviel Tropfen der Regen und wieviel Tage
die Welt hat?
Wer kann erforschen, wie hoch der Himmel,
wie breit die Erde, wie tief das Meer ist?
Wer kann Gottes Weisheit ergründen,
die doch allem voraufgeht?
Denn seine Weisheit ist vor allem geschaffen;
sein Verstand und seine Einsicht
sind von Ewigkeit her.
Das Wort Gottes in der Höhe ist die Quelle
der Weisheit,
und sie verzweigt sich in die ewigen Gebote.
Jesus Sirach 1,1–5

Der Clown

In der großen Stadt Petersburg, die für viele Menschen schon fast am Ende der Welt liegt, was ja gar nicht stimmt, gehört sie doch zu den Besonderheiten für das menschliche Auge – also in der großen Stadt Petersburg wurde es wieder einmal Winter. Wie das bei den russischen Wintern ist: jedermann rüstet sich, so gut er es versteht, auf die harte weiße Zeit.

Es fiel beinahe nicht auf, daß sich an jenem Spätnachmittag im November ein kleiner, seltsamer Zug der Stadt näherte. Zuerst berichtete ein armer Bauer davon, als er seine Filzstiefel abholte. »Brüderchen«, sagte er sanft zum Schuster, »Brüderchen, der Zirkus kommt.« – Auf diese Weise geriet die Nachricht durch das arme Stadtviertel; denn es war längst nicht mehr wie früher, als Frauen und Männer, Kinder und Greise dem Zirkus entgegenliefen. Nein, es war alles anders geworden. Aber sollte man darüber klagen? Der Winter kam, und das war wichtiger.

Aber der alte Schuster legte seine Ahle zur Seite, sah den Bauern an, sah fast durch ihn hindurch und ...: Ob der Clown wohl wieder dabei ist? Als damals Krieg war und so viel Elend – und der Schuster dachte daran, daß ihm damals seine Frau in dem harten Winter 1942 verhungert war. – Damals hatte er den Clown erlebt, der so sehr geweint hatte, daß alle lachen mußten. Als der Zirkus in jenem Jahr die Stadt verließ, war der Clown zum Schuster gekommen, um seine endlos langen Lackschuhe nähen zu lassen. Da hatte er ihn gefragt, warum er denn so viel weine und woher die vielen Tränen kämen?

»Weißt du«, hatte der Clown geantwortet, »die menschliche Seele ist wie ein Brunnen, wie ein tiefer Brunnen, den man vergiften kann, so daß man an seinem Wasser stirbt. Zur Zeit sterben mehr Menschen an ihrer vergifteten Seele als am Hunger oder am Krieg. Deswegen muß ich weinen, weil ich die Menschen so liebe und ihre Seele, denn das große Väterchen im Himmel hat uns beide geschenkt.«

Während der Schuster sich an diese Worte erinnerte, war der Zirkus bis an die Stadt gekommen. Am nächsten Tage sollte die letzte Vorstellung vor dem Winter sein, denn die Leute brauchten noch Futter für die wenigen Tiere.

Da machte sich der Schuster auf und ging den langen Weg zu Fuß bis zu dem kleinen Zelt, in dem eine Trompete den kümmerlichen Versuch machte, Menschen heranzublasen, die gar keine Ohren mehr hatten. Die wenigen Zuschauer saßen eingehüllt in ihre Pelze, und die Künstler gaben sich redliche Mühe, ihr Bestes zu zeigen, so wie man es eben kann, wenn man weiß, daß eine große Zeit vorüber ist.

Dann kam er, er kam tatsächlich, der alte große Clown Nikolaj. Wie damals hatte er sich geschminkt: Borstig standen seine rostigen Haare seitwärts von der künstlichen Glatze, die rote Nase wirkte fremd und frech, irgendwie einsam und doch kühn, der Frack verlieh seiner Gestalt fast etwas Gespenstisches und dennoch Feierliches, die herrlichen weißen bauschigen Hosen gaben dem Clown das Aussehen des letzten menschlichen Menschen, und die endlos langen schwarzen Lackschuhe fügten das Bild zu einem Eindruck demütiger Überheblichkeit. Wer genau hinsah, konnte meinen, daß es sich die große Gesellschaft eben leisten kann, *einen* ins Rampenlicht zu stellen, um das Gelächter auf ihn zu ziehen. Tückisch ist so was, aber seit Menschengedenken gab es das.

So dachte der kleine Schuster, als er den alten Clown Nikolaj hereinwatscheln sah wie eine komische Ente und gleichzeitig wie ein Zar der Weisheit.

Da stand er nun in der Mitte der kleinen Manege, fingerte unbeholfen an seiner Violine, setzte das Instrument dann mit einer unendlich liebevollen Gebärde zwischen Kinn und Schulter, verhielt noch einen Herzschlag lang so, als spräche er mit ihr, nahm dann mit festem Schwung den Bogen und begann zu spielen.

Aber das, was da erklang, war nicht einfach eine Melodie, das war in einem eine Liebeserklärung an die Seelen der Menschen, das war auch ein Gebet, das war ein einziges Weinen und gleichzeitig jubelnde Hoffnung. Nikolaj spielte aus sich heraus, und gerade das verschlug allen den Atem.
Als der Clown zu Ende war, lachte niemand! Zum erstenmal lachte niemand. Hilflos blickte er in die Runde. Sollte es denn wahr sein, daß sie ihn verstanden hatten?
Da stand ein kleiner Junge auf. In der ersten Reihe hatte er gesessen. Unter seinem pausbäckigen Gesicht baumelte ein langer gelber Schal. Der Junge stieg in die Manege, ging, als wäre es das Selbstverständlichste von der Welt, mit festen kleinen Schritten auf den Clown zu, hob sich auf die Zehenspitzen und küßte die alte, zitternde Hand, tat dann zwei Schritte nach rückwärts, verschränkte die Hände auf dem Rücken und blieb voller Erwartung stehen. Wieder blickte der alte Nikolaj hilflos in die Runde. ›Nein, das gehörte nicht in das Programm; der Kuß eines Kindes gehört nie in ein Programm. – Gleichgültig was der Direktor meinte, jetzt würde er spielen!‹ Und so neigte er sich zärtlich dem Kind zu, setzte seine Geige wieder an und spielte für den Jungen, spielte für die ganze Welt. Es wurde eine Melodie der Liebe.
Noch heute erzählt man sich in Petersburg diese Begebenheit, und zuweilen geschieht es, daß einer leise hinzufügt: Das große Väterchen im Himmel hat uns beide geschenkt.

Diese sechs Dinge haßt der Herr,
diese sieben sind ihm ein Greuel:
stolze Augen, falsche Zunge,
Hände, die unschuldiges Blut vergießen,
ein Herz, das arge Ränke schmiedet,
Füße, die behende sind, Schaden zu tun,
ein falscher Zeuge, der frech Lügen redet,
und wer Hader zwischen Brüdern anrichtet.
Mein Sohn, bewahre das Gebot deines Vaters
und laß nicht fahren die Weisung deiner Mutter.
Binde sie dir aufs Herz allezeit
und hänge sie um deinen Hals,
daß sie dich geleiten, wenn du gehst;
daß sie dich bewachen, wenn du dich legst;
daß sie zu dir sprechen, wenn du aufwachst.
Denn das Gebot ist eine Leuchte
und die Weisung ein Licht,
und die Vermahnung ist der Weg des Lebens.
Sprüche 6,16–23

Warum die Giraffen einen langen Hals haben

Als Gott, der Schöpfer, zu Beginn der Welt die Tiere versammelte, machte er ihnen ein überraschendes Geschenk: Er gab ihnen die Fähigkeit zu reden. Er wollte, daß sich die Tiere miteinander unterhalten könnten, daß sie sich gegenseitig informierten, eben all das, was man mit der Sprache kann: Guten Morgen sagen und Gute Nacht! Wie geht es dir? Was macht deine Familie? So hatte es sich der Schöpfer gedacht, weil die Welt noch lebendiger werden sollte, noch schöner, noch bunter.

Vor allem die Vögel waren als erste sehr glücklich, weil sie endlich Texte zu ihren Melodien hatten. Besonders die Lerche tat sich hervor und jubelte von morgens bis abends. Aber auch die Nachtigall zeigt ja bis heute, was sie kann. Doch auch die anderen Tiere benutzten die Sprache, um zu beraten, Beschlüsse zu fassen, Gedichte zu schreiben und Briefe.

So sah man, wie der junge Dachs oft da saß, grübelte und schließlich herrliche Verse schrieb, die die anderen Tiere auswendig lernten, so schön waren sie. Oder auch die weise Eule: Endlich konnte sie in Ruhe philosophieren und den anderen viel über den Sinn des Lebens sagen. Der Papagei, der große Spaßmacher, benutzte die Sprache, um viele Witze zu erzählen, so daß die anderen sich halb totlachen wollten. Der Kranich, der berühmt war für seine Politik, hielt nun große Reden, und viele klatschten, weil sie endlich verstanden, was er meinte.

Ja, so gefiel es dem Schöpfer, und die Sprache wurde wirklich zu einem Geschenk des Himmels. Wenn jetzt ein Tier traurig wurde, konnte es über seine Traurigkeit reden, war jemand glücklich, konnte er es aussprechen. So hatte es sich der Schöpfer auch vorgestellt, und die Welt war voll vom Reden, Singen, Schreiben und Lesen. Aber unter den vielen Geschöpfen war eins, das aus der Reihe tanzte: die Giraffe. Sie war so neugierig, daß sie ihre Nase überall reinsteckte. Sie war so schrecklich neugierig, daß ihr Hals dabei immer länger wurde, denn sie kam ja mit den Ohren sonst gar nicht überall hin. Und dann wackelte sie vor Aufregung mit dem Kopf, denn was bekam sie da alles zu hören: Sie kriegte zum Beispiel mit, wie die Maus ihren Liebeskummer beichtete. Das war so ungeheuer aufregend, daß die Giraffe das sofort jedem erzählte, ob der es nun hören wollte oder nicht. – Sie hörte auch, wie die alte Schildkröte über ihre Krankheit erzählte. Sofort muß ich das den anderen sagen, dachte die Giraffe und tat es auch. – Eines Tages hörte sie auch, wie die Elster einen Diebstahl bekannte. Da hatte die Giraffe nichts Eiligeres zu tun, als es den anderen Tieren brühwarm weiterzuklatschen. So ging das jahrein, jahraus. Der Hals der Giraffe wurde immer länger, so daß sie zum Trinken ganz komische Verrenkungen machen mußte. Schließlich konnte sie nur noch von den Bäumen fressen. Das Schlimmste aber war: Inzwischen hatte sie das Vertrauen der anderen Tiere verloren. Zuerst war es noch ganz gut gegangen, denn für ihre neuesten Nachrichten, wie sie es nannte, fand sie eigentlich immer Abnehmer. Aber dann sprach es sich herum, daß man der Giraffe wirklich nichts anvertrauen konnte. Mehr noch: Man durfte sie nicht einmal mehr einladen, wollte man nicht Gefahr laufen, tags darauf in aller Munde zu sein. So wurde die Giraffe sehr, sehr traurig; denn keiner wollte etwas von ihr wissen. Sie hatte allen Kontakt verloren, besaß keine Freunde mehr und wurde ganz einsam. Und alles war nur so gekommen, weil sie das himmlische Geschenk der Sprache mißbraucht hatte. – Da ging sie in ihrem Kummer zum Schöpfer. Der sagte ihr: Du kannst dich noch ändern; du mußt schweigen lernen. Wichtig aber ist, daß du es den anderen weitersagst. – Deshalb sieht man heute noch, daß die Giraffen sich unter andere Tiere mischen, um sie vor der Einsamkeit zu warnen.

Moral: Die Giraffen sind mitten unter uns! Oder: Bin ich etwa eine?

Ein gelassenes Herz ist des Leibes Leben;
aber Eifersucht ist Eiter in den Gebeinen.
Wer dem Geringen Gewalt tut,
lästert dessen Schöpfer;
aber wer sich des Armen erbarmt,
der ehrt Gott.
Der Gottlose besteht nicht in seinem Unglück;
aber der Gerechte ist auch in seinem Tode getrost.
Im Herzen des Verständigen ruht Weisheit,
und inmitten der Toren wird sie offenbar.
Gerechtigkeit erhöht ein Volk;
aber die Sünde ist der Leute Verderben.
Sprüche 14,30–34

Peter und Paul

In einer großen Stadt – irgendwo zwischen Wittenberg und Rom – standen zwei große Kirchtürme, und jedesmal am 29. Juni kam es zu einem unerfreulichen Streitgespräch zwischen den beiden. Das lag nämlich daran, daß der 29. Juni der Namenstag von Peter und Paul ist, und die beiden Kirchtürme hießen so: St. Peter und St. Paul; nicht genug: der eine war katholisch und der andere evangelisch. Das ging dann schon morgens mit dem Läuten los: Beide setzten ihre sechs großen Glocken ein. Dann lag es nur am Wind, wessen Klänge deutlicher in die Stadt drangen. »Was bildest du dir eigentlich ein?« sagte Peter zu Paul, »du mit deinen 450 Jahren Geschichte! So jung und schon so verbraucht. Dein Schiff ist ja sonntags fast leer!«

»Ich kann deine Angeberei nicht mehr hören«, erwiderte Paul spitz zu Peter, »so was Romhöriges, so was Hochnäsiges, und was sich so sonntags in deinem Schiff tut, ist doch bloß eine einzige Maskerade.«

»Neidisch, wie?« konterte Peter und gab seinen Glocken noch einen mächtigen Stoß! »500 Millionen gehören zu mir, und wir sind eine Einheit. Ätsch!« Und bei diesen Worten drehte sich der stolze Wetterhahn ganz aufgeregt, aber er krähte noch nicht.

»Was ist das schon«, blähte sich Paul, »der Apostel, nach dem ich heiße, hat schon an die Gemeinde von Korinth geschrieben, daß Einheit in der Vielfalt zu suchen ist. Ätsch!«

Bei diesen Worten ächzte das Kirchturmkreuz bedenklich, und manche wollen wissen, der Himmel habe sich für Sekunden verdunkelt wie damals auf Golgatha.

St. Peter konnte nicht genug kriegen: »Euer Martin Luther hatte einen dicken Bauch und soff Bier. Was ist schon Eure Freiheit. Ihr

habt doch keine Nachfolger, ihr habt nur Mitläufer!«
Da flog eine Kupferplatte von St. Paul herab, so zornig war er.
»Und ihr mit Eurem Heiligenkult, und mit der Pille, und mit dem Papst und ...« Er verschluckte sich vor konfessionellem Eifer und schwieg.
Eines Tages kamen viele fremde Leute in die Stadt und bauten zwischen den beiden Kirchen eine Moschee mit einem langen, schlanken Minarett.
Da erst begruben die beiden Türme ihre Feindschaft, entdeckten ihre Einheit und beschlossen, gemeinsam gegen das Minarett zu kämpfen. Als sie damit begannen, krähte der Hahn von St. Peter, und der Sturm zerschmetterte das Kreuz von St. Paul.

Laßt uns die Hauptsumme aller Lehre hören:
Fürchte Gott und halte seine Gebote;
denn das gilt für alle Menschen.
Denn Gott wird alle Werke vor Gericht bringen,
alles, was verborgen ist,
es sei gut oder böse.
Prediger 12,13 und 14

Warum Gott, der Herr, das Böse duldet

Viele Tiere waren im Laufe der Zeit mündig geworden und begannen nachzudenken. Da sie aber merkten, wieviel Unrecht in der Welt geschah, wieviel Mord und Lüge, wieviel Gemeinheit und Bosheit, ließ ihnen eine Frage keine Ruhe mehr: Wie konnte Gott, der Herr, das alles bloß dulden? Die Hasen waren inzwischen zu Angsthasen geworden und konnten gar nicht mehr so viele Haken schlagen, wie es nötig wäre, um den Füchsen zu entgehen.

Die Mäuse waren zu Duckmäusen geworden, die sich gesenkten Blickes in ihr Schicksal ergaben.

Die Gänse waren wegen ihrer Dummheit bekannt und die Affen, weil sie alles nachmachten.

Die Kamele hatten sich zu Trampeltieren entwickelt, und die Sperlinge waren als Dreckspatzen abgestempelt.

Alles nur, weil sie mit der einen Frage nicht fertig wurden.

Denn der schwarze Rabe aus Rom hatte ihnen erklärt: Euer Schöpfer ist gut und allmächtig, aber ihr seid mißratene Einzelgänger. Seht zu, daß ihr das Beste aus diesem Leben macht, denn eines Tages gibt es die große Abrechnung und dann, ... na ja, ihr werdet ja sehen.

Der Uhu aus Wittenberg hatte auch zu den Tieren gesprochen und ihnen erklärt, jedes Tier sei von Natur aus schlecht und bedürfe zum Leben immer wieder neu der gnädigen Zuwendung des Schöpfers. Solange das nicht überall so sei, ginge das Böse einher wie ein brüllender Löwe.

Man kann sich denken, daß hier der Löwe einfach wütend wurde.

Immerhin, die Frage blieb offen, die Antworten waren zu kompliziert. Denn die Tiere liebten ihren Schöpfer, hatte er ihnen doch die wundersame Welt gegeben.

Auf dem Mond war es bestimmt langweiliger.

Da kam die weise Schildkröte und sagte zu den anderen Tieren: Gott der Herr, hat eine gute Schöpfung gemacht und hat nichts vergessen. Seht euch nur selber und gegenseitig an, wie wunderbar alles geordnet ist. Glaubt mir, denn ich habe viele Jahrhunderte erlebt. Daß es das Böse überhaupt und überhaupt noch gibt, liegt nur an unserer Dummheit: Daß wir uns gegenseitig nicht lieben, daß wir unsere Würde gegenseitig nicht anerkennen und so oft versäumen, unserem Schöpfer zu danken. Denn wir sind Gottes gute Schöpfung, aber das Böse ist unser dummes Machwerk.

Das begriffen die Tiere, aber sie richteten sich nicht danach, und deswegen schafften sich die Schildkröten einen dicken Panzer an.

Gelobt seist du, Herr, du Gott unsrer Väter, und sollst gepriesen und hoch gerühmt werden ewiglich!
Gelobt sei dein herrlicher und heiliger Name und soll gepriesen und hoch gerühmt werden ewiglich!
Alle Vögel unter dem Himmel, lobt den Herrn, preist und rühmt ihn ewiglich!
Alle zahmen und wilden Tiere, lobt den Herrn, preist und rühmt ihn ewiglich!
Ihr Menschenkinder, lobt den Herrn, preist und rühmt ihn ewiglich!
Der Gesang der drei Männer im Feuerofen, 28 und 29; 56–58

Die Vögel und die Lilien

Eine Fabel vom Glauben

In der berühmten Bergpredigt unseres Herrn wird von den Vögeln unter dem Himmel und von den Lilien auf dem Felde erzählt. Und es wird erzählt, daß sie nicht säen und nicht ernten, daß sie wachsen, aber sich nicht durch die Alltagsplage das eigentliche Leben verderben.

Als Bruder Franz eines Tages den Vögeln und den Lilien diese Predigt verkündigte, staunten sie. Das hatten sie nicht geahnt, wie liebevoll sie der Herr als Beispiel gewählt hatte. Doch sie sahen, wie die Menschen es ganz anders machten, wie sie planten und rechneten, immer größere Häuser bauten, Zäune setzten und Bunker anlegten.

Die Vögel saßen auf den Drähten und Bäumen und sahen den Menschen zu. Dann flogen sie zu den Lilien auf dem Felde und berichteten, was sie gesehen hatten.

»Stellt euch vor«, sagte die Lerche: »Die Menschen denken immer nur an zwei Dinge: Was werden wir essen? Was werden wir anziehen?«

Und die Vögel, die aus Japan angeflogen waren, berichteten von der furchtbaren Atombombe.

Andere erzählten vom Haß und von der Gemeinheit der Menschen.

»Ich kann mir gar nicht vorstellen«, sagte die Lilie, die ganz vorne stand, »wie man seinen Schöpfer so vergessen kann.

Jedes Geschöpf ist doch ein Spiegel von Gottes Herrlichkeit!«

Da beschlossen die Vögel, für die Menschen die schönsten Lieder zu singen.

Und die Lilien nahmen sich vor, ihre schönsten Farben zu wählen,

um den Menschen zu helfen, die Liebe des Vaters zu erkennen.
»So macht ihr es richtig«, flüsterte ihnen Bruder Franz durch die Ewigkeit zu.
So gaben sich die Vögel und die Lilien ganz ihrem Wesen hin. Sie sangen und blühten, sie flogen und wuchsen und tun es heute noch im Auftrag ihres Schöpfers.

Nur: Wieviel Vögel müssen noch aus Japan kommen?

Falsche Waage ist dem Herrn ein Greuel;
aber ein volles Gewicht ist sein Wohlgefallen.
Wo Hochmut ist, da ist auch Schande;
aber Weisheit ist bei den Demütigen.
Ihre Unschuld wird die Frommen leiten;
aber ihre Falschheit wird die Verächter verderben.
Reichtum hilft nicht am Tage des Zorns;
aber Gerechtigkeit errettet vom Tode.
Die Gerechtigkeit des Frommen macht seinen Weg eben;
aber der Gottlose wird fallen durch seine Gottlosigkeit.
Die Gerechtigkeit der Frommen wird sie erretten;
aber die Verächter werden gefangen durch ihre Gier.
Wenn der gottlose Mensch stirbt,
ist seine Hoffnung verloren,
und das Harren der Ungerechten wird zunichte.
Der Gerechte wird aus der Not erlöst,
und der Gottlose kommt an seine Statt.
Durch den Mund des Gottesverächters
wird sein Nächster verderbt;
aber die Gerechten werden durch Erkenntnis errettet.
Sprüche 11,1–9

Der Fanatiker

oder: Der fromme Frosch

Über eine lange Zeit hatten die Frösche ziemlich durcheinander gequakt, und beinahe jeder hatte so seine eigene Teichanschauung. Da gab es welche, die beteten den Storch an, denn mit ihm hatten es ja alle zu tun. Er entschied über Leben und Tod. Ja, es gab Frösche, die trugen das Storchsymbol sogar beim Schlafen. Es war ein langer Schnabel, das Zeichen für Herrschaft und Schrecken. Andere Frösche beteten die Fliegen an; von denen lebten sie ja.

Auf den Altären standen riesige Nachbildungen, und manche Frösche schmückten sich mit Fliegenflügeln.

Wieder andere beteten ihre eigenen Kaulquappen an, ja, es gab eine ganze Quappenbewegung, und diese Quappisten verehrten den Nachwuchs, die Jugend und die Zukunft.

Es war ein heilloses Durcheinander im Reiche der Frösche. Eines Tages bekamen sie ein dickes Buch mit vielen Seiten, und sie nannten es Pibel.

Da kam Bewegung unter die Frösche, denn die neue Lehre gab ihnen Freiheit und Wahrheit.

Einer der Frösche vertiefte sich besonders eifrig in die Lektüre der Pibel.

Er las: Du sollst Gott, deinen Herrn lieben und deinen Nächsten wie dich selbst.

Er begann, die anderen zu bekehren:

Die Storchenanbeter, die Fliegenverehrer und die Quappisten. Immer tiefer begab er sich in das Geheimnis der neuen Lehre. Er hatte für nichts anderes mehr Zeit.

Er vernachlässigte seine Familie, kümmerte sich nicht mehr um den Haushalt, übersah die nächstliegenden Aufgaben und wurde sel-

ber teichfremd und einsam.
Als er merkte, daß er die Verbindung zu den anderen Fröschen verloren hatte, versuchte er es im Namen der Wahrheit mit Gewalt: Er benachrichtigte heimlich die Störche, so daß viele Frösche umkamen. Er gab auch heimlich den Fliegen einen Tip, so daß eine Hungersnot ausbrach.
Schließlich traten viele Frösche aus seiner Bewegung aus und wandten sich den alten Religionen zu.
Da griff der Frosch zum letzten Mittel: Er sprach sich heilig.

Moral: Man soll es nicht für möglich halten, aber den Frosch gibt es heute noch.

Gib einen alten Freund nicht auf;
denn du weißt nicht, was du am neuen hast.
Ein neuer Freund ist wie neuer Wein;
laß ihn erst alt werden,
so wird er dir gut schmecken.
Jesus Sirach 9,14 und 15

Fabelhafter Urlaub

Es war einmal – das ist gar nicht so lange her, und wenn ich mich nicht täusche, war es gerade übermorgen – es war einmal eine Bärenfamilie, die nach einem Jahr harter Waldarbeit beschloß, guten Urlaub zu machen.

Vater Bär war in den letzten Monaten ziemlich nervös geworden, was sich darin äußerte, daß er gar nicht mehr so viel Freude beim Tanzen hatte.

Mutter Bär hatte ziemlich die Nase voll vom ständigen Beerensammeln und Kochen. Hinzu kam ja auch noch die Kindererziehung.

Die Bärenkinder waren gar nicht einfach, jedes hatte seinen Charakter. – So packten sie die Sachen zusammen, den Honig vor allen Dingen.

Die Fahrt in den Urlaub begann. Alle waren guter Stimmung, und jeder freute sich auf die lange Zeit der Erholung, die vor ihnen lag. Unterwegs sangen sie die alten Lieder von der Bärenhaut, auf die sie sich legen wollten, und alle Familienmitglieder träumten von Bienen, deren Honig ihnen rundweg in das Maul fließen würde.

Vor allen Dingen wollten sie einmal mit anderen Tieren Bekanntschaft schließen: Mit Ameisen und Hornochsen, mit Hühnern und Füchsen. Darauf freuten sie sich. Am Ziel angekommen wurden sie zunächst einmal von anderen Bären herzlich begrüßt. Wo sie auch hinsahen: Bären, nichts als Bären. Nun gut, man kann sich an alles gewöhnen. Als sie essen wollten, stellten sie fest, daß man mühsam nach Bienenkörben suchen mußte. Nun gut, man kann sich an alles gewöhnen.

Schon in den ersten Tagen war Mutter Bär vollauf damit beschäftigt, Beeren zu sammeln und zu kochen. Sie hatte sich das eigentlich anders vorgestellt. Aber nun gut, man kann sich an alles gewöhnen. Und die Bärenkinder? Sie waren gar nicht einfach, denn jedes hatte seinen eigenen Charakter. Immerhin, man kann sich an alles gewöhnen.

Vater Bär blieb nervös, und Mutter Bär hatte die Nase voll. Aber im Laufe der Zeit wurde aus der Gewohnheit fröhliche Anerkennung. Es wurde ein fabelhafter Urlaub, und als sie nach Hause kamen, fing das Leben neu an.

Moral: Ohne Urlaub würde man nicht wissen, warum man sich liebt.

Wohl dem Menschen, der Weisheit erlangt,
und dem Menschen, der Einsicht gewinnt!
Denn es ist besser, sie zu erwerben, als Silber,
und ihr Ertrag ist besser als Gold.
Sie ist edler als Perlen,
und alles, was du wünschen magst,
ist ihr nicht zu vergleichen.
Langes Leben ist in ihrer rechten Hand,
in ihrer Linken ist Reichtum und Ehre.
Ihre Wege sind liebliche Wege,
und alle ihre Steige sind Frieden.
Sie ist ein Baum des Lebens allen, die sie ergreifen,
und glücklich sind, die sie festhalten.
Der Herr hat die Erde durch Weisheit gegründet
und nach seiner Einsicht die Himmel bereitet.
Kraft seiner Erkenntnis quellen die Wasser der Tiefe hervor
und triefen die Wolken von Tau.
Sprüche 3,13–20

Fragezeichen

Es war in einer dunklen Nacht der Zukunft, als es am Rande der großen Menschenstadt plötzlich Bewegung gab. Erst war es nur ein Kottel, dann wurden es viele. Der eine große Kottel ging gebückt und fast auf allen vieren vornean.
Nun, jeder kennt seinen Kottel, aber in dieser Nacht wirkte alles viel unheimlicher; denn die Pinduren kamen auch, und zwar in hellen Scharen, fratzig und schräg, kaum zu erkennen, unheimlich und langsam. Es war fast wie ein langer Heerwurm, der sich nun auf die ersten Häuser der Stadt zu bewegte.
Ihm schlossen sich noch die Kaducken an, und die Lampinellen machten auch mit.
– Lieber Leser, wenn Du an dieser Stelle fragst, was Kottel, Pinduren, Kaducken und Lampinellen sind, dann ... (aber das mußt Du mit Dir selber ausmachen.)
Also in dieser schwarzen Nacht der Zukunft kamen sie alle auf die Häuser der Menschenstadt zu. Kein Lüftchen regte sich, kein Schnarcher war zu hören, wie ausgestorben lag das Häusermeer, kein Wächter wachte.
Da fielen sie über die Menschen her, heißhungrig und gierig, wollüstig und besitzergreifend: Die Kottel stiegen durch die Nase ein, die Pinduren kamen durch die Ohren, die Kaducken legten sich auf die Augen, und die Lampinellen strichen über die Haare.
Kein Mensch wachte, kein Mensch erwachte.
Am anderen Morgen wachte die Stadt glücklich auf, denn Kottel, Pinduren, Kaducken und Lampinellen sind die guten Träume, die die Schlafenden suchen.
Wie aber wäre es gewesen,

wenn die anderen gekommen wären, die Gefährten der Angst?!
Keiner hätte gewacht.
Keiner.

Moral: »Und das wollen Menschen sein?!« sagte der Kottel.

Sei nicht neidisch auf böse Menschen
und wünsche nicht, bei ihnen zu sein;
denn ihr Herz trachtet nach Gewalt,
und ihre Lippen raten zum Unglück. –
Durch Weisheit wird ein Haus gebaut
und durch Verstand erhalten,
und durch ordentliches Haushalten werden die Kammern
voll kostbarer, lieblicher Habe.
Ein weiser Mann ist stark
und ein vernünftiger Mann voller Kraft.
Sprüche 24,1–5

Der Stein der tanzenden Fische

Gleich vorne links im Meer, so zwischen Ebbe und Flut, liegt seit älters ein großer Stein, der heute nichts anderes zu tun hat, als zu liegen, wie es eben die Eigenart von Steinen ist.
Aber den Sonntagskindern, die noch das Gras wachsen hören, verrät er eine wunderbare Geschichte.
Die will ich euch jetzt erzählen.
Vor vielen tausend Jahren gab es eine furchtbare Zeit im Meer. Es herrschten die Echsen und Schlangen. So war es damals, wie es immer ist, wenn Echsen und Schlangen herrschen: Die kleinen Fische hatten nichts zu lachen. Nur so zum Spaß mißbrauchten die Untiere ihre kleinen Mitgeschöpfe, jagten sie durch das Wasser, spießten sie auf scharfe Unterwasserfelsen oder zerstörten ihre Wohnungen. Zuweilen brach nachts der Schrecken über die kleinen Tiere her, wenn die Großen überraschend einbrachen und niedermachten, was ihnen vor die Flossen und Mäuler kam. Es gab da welche, die sich verstecken konnten: Zum Beispiel der Einsiedlerkrebs, er schaffte es. Aber die Welt kann ja nicht nur aus Einsiedlern bestehen. Oder auch die Grottenolme. Aber es gibt gar nicht so viele Grotten, die man brauchte, um die kleinen Fische vor Echsen und Riesenschlangen zu schützen.
Eines Tages versammelten sich die Fische auf dem Äquator und hielten rund um die Erde Beratung. Es fiel ihnen jedoch nichts ein, was sie hätte retten können.
Am 20. Juli – es kann aber auch ein ganz anderer Tag gewesen sein – wagte ein kleines Lanzettfischchen sich bis in das Hauptquartier der Echsen. Aber bevor der geplante Anschlag auf den Führer der Echsen gelingen konnte, flog die Verzweiflungstat durch Verrat auf,

und viele Fische fanden den Tod, vor allem waren es Rotbarsche, die weißen Rosenfische, die schwarzen Aale und die violetten Schollen.

Die Echsen und Schlangen hielten grausame Rache unter den kleinen Fischen. Aber es kam der Tag, an dem Echsen und Riesenschlangen von den Haien und Schildkröten angegriffen und vernichtet wurden, so daß sie im eigenen Blut ertranken.

Gleich vorne links im Meer, so zwischen Ebbe und Flut, liegt der alte Stein, an dem sich die kleinen Fische versammelten und tanzten, tanzten, tanzten.

Es war, als wären ihnen Augen auf die Schuppen gefallen, denn sie sahen und erkannten den Sinn der fröhlichen Schöpfung.

Nun danket alle Gott,
der große Dinge tut an allen Enden,
der uns von Mutterleib an lebendig erhält
und uns alles Gute tut.
Er gebe uns ein fröhliches Herz
und verleihe immerdar Frieden
zu unsrer Zeit in Israel,
und daß seine Gnade stets bei uns bleibe
und uns erlöse, solange wir leben.
Jesus Sirach 50,24–26

Louis Salomo

Jedes Kind kennt und kannte den großen Satchmo, dessen Stimmbänder wie eine Küchenreibe waren, aber dessen Musik die Welt verzauberte.
Eines Tages war ein Streit unter den Instrumenten ausgebrochen. Drei taten sich besonders hervor:
Das Spinett, die Posaune und die Trommel.
Das Spinett erzählte aus den Tagen des großen Johann Sebastian, es zitterte förmlich in den Fugen, wenn Fugen auf ihm erklangen, und es schwärmte vom strengen Kontrapunkt, von der Kühnheit der Läufe, von der Liebenswürdigkeit der Frau Bach und von den vielen Bachsöhnen, die alle so berühmt geworden waren.
Die Posaune berief sich auf die Mauern von Jericho, auf den grandiosen Erfolg und auf die Zeit des Dixie. Sie konnte für sich in Anspruch nehmen, beinahe über Jahrtausende hinweg die ganz große Geschichte zu haben.
Die Trommel dröhnte dumpf, sie habe schließlich den größten Radius, sie habe die Fähigkeit, Menschen zusammenzurufen, und keiner könne ihr daher den ersten Rang streitig machen.
Louis Armstrong, der weise Satchmo, hörte den Streit der Instrumente und lud sie ein, mit ihm eine weite Reise zu machen.
An Ort und Stelle angekommen, sagte er zu der Trommel: »Nun hole uns die Menschen!«
Und die Trommel zeigte, was sie konnte. Die Stöcke wirbelten nur so durch die Luft, der Klang reichte weit, und die Nachricht erreichte die Herzen vieler, vieler Leute. Sie kamen alle.
Als die Menge versammelt war, sagte Louis zum Spinett:
»Stelle dich in die Kirche und spiele uns den großen guten Bach.«

Da gab das Spinett her, was es konnte und musizierte wie nie zuvor. Die wundervollen Harmonien rührten die Herzen und Seelen aller.
Als das Konzert vorüber war, sprach Satchmo zur Posaune:
»Nun spiele du auf zum Tanz, wir wollen feiern.«
Da blies die Posaune den herrlichsten Jazz, und Louis sang dazu: »O when the saints go marching in.«
Es wurde ein einmaliges Fest.
Kurz vor dem Einschlafen sagte Satchmo:
»Habt ihr begriffen? Jedes hat seine Bedeutung und Würde. Wenn das die Menschen nur begreifen würden.«

Wer Pech angreift, der besudelt sich damit; und wer sich zum Hochmütigen gesellt, der lernt Hochmut.
Geselle dich nicht zum Mächtigen und Reichen; du lädst sonst eine schwere Last auf dich.
Was soll der irdene Topf beim ehernen Kessel? Denn wenn sie aneinanderstoßen, so zerbricht er. –
Der Reiche tut unrecht und brüstet sich noch damit;
aber der Arme muß es erleiden und sich dazu noch entschuldigen.
Solange du dem Reichen nützlich bist, läßt er dich für sich arbeiten;
aber wenn du nicht mehr kannst, so läßt er dich fallen.
Solange du etwas hast, bleibt er bei dir, und es bekümmert ihn nicht, wenn er dir den Beutel leert.
Wenn er dich braucht, so täuscht er dich geschickt:
er lächelt dich an, verheißt dir viel, gibt dir die besten Worte und fragt: Brauchst du etwas?
und lädt dich großzügig ein,
um dich später zwei- oder dreimal auszunehmen,
und verspottet dich noch zuletzt.
Und wenn er dann deine Not sieht, läßt er dich fallen
und schüttelt den Kopf über dich.
Darum sieh du, daß du dich nicht täuschen läßt
und deine Einfalt dich nicht ins Unglück bringt. –
Wenn dich ein Mächtiger zu sich heranziehen will,
so halte dich zurück,
dann sucht er dich um so mehr zu sich heranzuziehen.
Dränge dich nicht selbst zu ihm hin,
damit du nicht verstoßen wirst;
halte dich auch nicht zu fern, damit man dich nicht vergißt.
Geh nicht darauf aus, mit ihm zu reden wie mit deinesgleichen,
und traue seinen vielen Worten nicht;

denn er versucht dich damit,
und mit freundlichem Lächeln horcht er dich aus.
Jesus Sirach 13,1–14

Als die Fliegen die Freiheit suchten

Wenn man die Uhr zurückdreht, kommt man irgendwann an die Zeit, als die Fliegen noch ihr eigenes freies Land hatten. Es war ein schönes, großes Land mit vielen Wäldern und Flüssen. Die Fliegen lebten glücklich, summten dic Lieder ihrer Völker und tanzten die Tänze ihrer Herzen. Jeder ging seiner Arbeit nach, und gab es mal Streit, dann flog man zusammen, um die anstehenden Fragen gemeinsam zu lösen. Es war eine gute Zeit, und die Bücher erzählen gute Geschichten.

Eines Tages aber kamen die Spinnen über das große Meer, sie kamen mit großen Schiffen. Als sie an Land gingen, sagten sie zu den Fliegen, die mit großen Augen am Strand standen, daß niemand Angst zu haben brauchte, denn sie hätten ja ihren Lebensbedarf an Bord. Und überhaupt seien sie, die Spinnen, in aller Welt bekannt für ihre Weisheit und Güte. Sollten die Fliegen lernen wollen, was wirklich Leben heißt und wie es in der großen Welt steht, dann sollten sie getrost mit ihren Fragen kommen.

Die Fliegen waren begeistert. Auf solch einen Besuch hatten sie eigentlich immer gehofft. So luden sie die Spinnen ein, recht lange zu bleiben. Gute Freunde wollten sie sein, ja, gute Freunde. Dann tanzten die Fliegen den Tanz zur Nacht, wünschten den Spinnen gute Träume und legten sich selber zwischen Blättern und Blüten zur Ruhe.

Als die Spinnen den Eindruck gewannen, daß ihre schwarzen Gastgeber fest schliefen, begannen sie ihre heimlichen mörderischen Vorbereitungen. Im Schutze der Dunkelheit legten sie ihre Netze aus, die sie fein gesponnen hatten. Dann gönnten sie sich selber ein paar Stunden Schlaf.

Als das Morgengrauen heraufzog, weckten sie sich sacht, schlichen auf ihren langen Beinen zu ihren Netzen, überprüften noch einmal alles und – warteten.
Als die Sonne den neuen Tag begrüßte, regte sich geschäftiges Treiben in den Dörfern der Fliegen. Sie wuschen sich sorgfältig, aßen einen Happen Tau und brachen dann fröhlich auf, um die Spinnen zu besuchen, die ihnen ja versprochen hatten, alles für eine gute Zukunft zu tun.
Als die Spinnen das Gesumm der herannahenden Fliegen hörten, spannten sie ihre Netze fester und verbargen sich selber hinter Blättern.
Es kam, wie es kommen mußte: Ahnungslos verfingen und verhedderten sich die meisten Fliegen in den Netzen der Spinnen. Hilflos sahen sie dem sicheren Tod entgegen. Wer nicht getötet wurde, mußte fortan schwere Sklavendienste tun oder wurde zu harter Arbeit in fremde Länder verkauft.
So ging es viele, viele Jahre, und die Fliegen erzählten ihren Kindern von Generation zu Generation von der Gemeinheit der Spinnen und sangen ihre Klage in vielen traurigen Liedern. Schließlich kam der Tag, da die Fliegen sich zusammentaten, um ihre verlorene Freiheit wiederzuerlangen. Aber sie hatten alles verlernt: ihre Sprache, denn sie sprachen die Sprache der Spinnen, ihre Tänze, denn sie tanzten die Tänze der Spinnen, und – das Fliegen, denn sie gingen wie die Spinnen.
Als sie das erkannten, stand einer auf und begann mit den andern das ABC der Freiheit.
Als die Fliegen mir neulich diese Fabel erzählten, fragte ich sie nach der Moral:
Es gibt keine, sagten sie, nein, es gibt keine auf der Suche nach der Freiheit.
Wer vorgibt, eine zu haben, spannt sicher schon das nächste Netz.

Viele Tyrannen haben sich auf die Erde heruntersetzen müssen,
und die Krone ist dem aufgesetzt worden, an den man nicht gedacht hätte.
Viele große Herren sind gestürzt worden, und hochangesehene Männer sind andern in die Hände gefallen.
Verdamme niemand, bevor du die Sache untersucht hast;
wäge erst ab und tadle dann.
Du sollst nicht urteilen, ehe du die Sache gehört hast,
und laß die Leute erst ausreden.
Misch dich nicht in fremde Händel, und aus dem Streit der Gottlosen halt dich heraus.
Jesus Sirach 11,5–9

Die Schildkröten

Vor Wochen hatten die Schildkröten ihre Eier in den Sand gelegt, liebevoll verscharrt und überließen das übrige der wärmenden Sonne, die die Brut zum Schlüpfen bringen sollte.
So ist das immer bei den Schildkröten, Jahr für Jahr, nur viele wissen es nicht.
Denn die Schildkröten dieser Welt leben hinter den Kulissen der großen Auftritte, ganz gleich, auf welchem Erdteil.
Eines Tages war es also wieder soweit. Neue, junge Schildkröten sollten geboren werden.
Die Sonne stand hoch am Himmel, und über die Gegend breitete sich eine unheimliche, ja tödliche Ruhe.
Kein Lüftchen regte sich.
Kein Vogel rief.
Aber auf den Bäumen und Felsen ringsum hockten sie, ja, da hockten Tausende gieriger Schnäbel, die nur auf die Stunde des neuen Lebens warteten.
Dann war es soweit:
Hier und da hob sich der Sand,
und das weiche Maul eines kleinen Wesens reckte sich nach draußen. Bald waren es viele, dann Tausende, wohl Zehntausende.
Plötzlich, wie auf einen geheimen Befehl hin setzten sich alle in Bewegung, hin zu dem Element ihres Lebens, zum Wasser, in die Freiheit.
Ein mühsames und doch behendes Gekrabbel hin zur Brandung.
Aber da verdunkelte sich der Himmel,
und die gefräßigen Vögel schlugen nieder
und töteten die meisten der noch ungeschützten Tiere,

erhoben sich träge, schissen ihren Unrat in den Sand und verdauten.
Sie verdauten die Freiheit ihrer Opfer,
ohne daß ihnen schlecht wurde.

Moral: Keine!

Der Hasser verstellt sich mit seiner Rede,
aber im Herzen ist er falsch;
wenn er seine Stimme holdselig macht,
so glaube ich ihm nicht;
denn es sind sieben Greuel in seinem Herzen.
Wer den Haß trügerisch verbirgt,
dessen Bosheit wird doch vor der Gemeinde offenbar werden.
Wer eine Grube macht,
der wird hineinfallen;
und wer einen Stein wälzt,
auf den wird er zurückkommen.
Eine falsche Zunge haßt den, dem sie Arges getan hat,
und glatte Lippen richten Verderben an.
Sprüche 26,24–28

Wer andern eine Grube gräbt

Wolf und Fuchs gingen eines Tages wieder einmal gemeinsam jagen. Sie hatten sich einen guten Platz ausgesucht: Unweit einer fetten Weide, wo man viele gutgenährte Schafe finden konnte, war ein kleines Waldstück, durch das ein Weg lief, der zum Schafstall führte. – Genau hier also mußte die Herde vorüberkommen.

Wolf und Fuchs gruben ein tiefes Loch.

So hatten sie es gelernt, und so sollte es auch diesmal wieder gelingen. Denn von altersher schmeckt den Wölfen und Füchsen dieser Welt fettes Hammelfleisch am besten. Nachdem beide die schwere Arbeit vollendet hatten, legten sie sich hin, um zu schlafen und zu warten. Sie wollten die Vorfreude genießen.

Darüber wurde es Abend.

Der Leithammel blökte seine Herde zusammen, und alle traten den Heimweg an.

»Aber seid vorsichtig«, sagte das Leittier! »Hier kommt es oft vor, daß Wolf und Fuchs irgendwo lauern.

– Die Schafe sind nämlich längst nicht mehr so dumm wie früher –

Leise bewegte sich die Herde dem heimatlichen Stall entgegen.

Als sie sich der Stelle näherte, wo Wolf und Fuchs schliefen, traten sie besonders vorsichtig auf und kamen buchstäblich ungeschoren davon.

Erst in weitem Abstand gaben sie ihrer Freude Ausdruck, machten Bocksprünge und blökten lustig in den Abendwind. Davon wachten Wolf und Fuchs auf. Als sie blitzartig erkannten, was sie verpaßt hatten, sprangen sie wütend auf, machten einen verzweifelten Satz zur Seite und – fielen in die Grube.

Wem diese Moral zu billig ist, der ist nicht einmal ein Schaf.

Ein Mensch hält gegen den andern am Zorn fest – und will bei dem Herrn Gnade suchen?
Er ist unbarmherzig gegen seinesgleichen – und will für seine Sünden bitten?
Er ist nur Fleisch und Blut und hält am Zorn fest – wer will denn ihm seine Sünden vergeben?
Denk an das Ende und laß die Feindschaft fahren.
Denk an das Verderben und an den Tod und bleibe bei den Geboten.
Denk an die Gebote und laß deinen Groll gegen deinen Nächsten.
Denk an den Bund des Höchsten und vergib, was dein Nächster gefehlt hat, ohne es zu wissen.
Halte dich fern vom Streit, so wirst du weniger sündigen.
Denn ein zorniger Mensch entfacht Streit, und der Gottlose bringt gute Freunde auseinander und hetzt gegeneinander, die in Frieden leben.
Jesus Sirach 28,3–11

Der Streit der Fans

Eine Elster, ein Rabe und ein Spatz trafen sich zufällig in der Nähe wohlriechender Pferdeäpfel, in denen der Spatz eifrig suchte und wühlte. Die Elster saß auf einem Baum in der Nähe und betrachtete wohlgefällig das silberne Amulett des Bischofs, das sie gerade gestohlen hatte. Ja, es gibt Bischöfe, die Amulette tragen.

Der Spatz pfiff fröhlich eine Melodie von Moustaki. »Ich schwärme für Moustaki«, sagte er, »die Musik ist einfach herrlich. Pferdeäpfel und Moustaki – könnt ihr euch vorstellen, wie glücklich das macht? Ich stehe auf dieser Musik, sie geht so richtig unter die Federn und hat auch gleichzeitig so etwas Ausländisches, so was Exotisches. Moustaki, das pfeifen eben die Spatzen von den Dächern. Wunderbar!«

»Ungebildeter Narr«, mischte sich die Elster ein. »Es geht nichts über Mozart. Man denke nur an die ›Entführung aus dem Kanal‹ oder an die ›Hochzeit des Zigarro‹. Einfach göttlich, diese Musik, habe ich mir sagen lassen. An ihr ist aber auch reinweg nichts gestohlen. Und erst die Läufe, diese herrlichen Läufe auf den Vitrinen. Ich könnte immer mitsingen: Reich mir die Hand zum Leben! Oder auch sein Donaustimmenwalzer! Ich vergehe vor Wonne!«

»Typisch Elster«, krächzte der Rabe.

»Für einen Menschen von Welt geht nichts über Beethoven. Man denke nur an ›Tristan‹ oder auch an ›Die drei von der Tankstelle‹. Ja, Beethoven repräsentiert wirklich das geistige Abendland. Er ist Kultur. Aber eben nichts für Spatzen und Elstern.«

Keiner der drei aber hörte die wunderbare Stimme der Nachtigall, die den Abend erfüllte und voll war von Wahrheit und Ehrfurcht.

Jede Sünde ist wie ein zweischneidiges Schwert und verwundet so, daß niemand heilen kann.

Wer Gewalt und Unrecht tut, muß zuletzt zum Bettler werden; und wer hochmütig ist, kommt zuletzt von Haus und Hof.

Sobald der Elende ruft, so hört's Gott, und seine Rache wird eilends kommen.

Wer sich nichts sagen läßt, der ist schon auf der Bahn des Gottlosen; aber wer Gott fürchtet, der nimmt es zu Herzen.

Wer zu reden versteht, ist weithin bekannt, und ein Kluger merkt, wo er entgleist.

Wer sein Haus baut mit fremdem Hab und Gut, der sammelt Steine für sein Grab.

Jesus Sirach 21,4–9

Kettenreaktion

Es war einmal eine Laus, die sehr süß aussah. Sie wurde unter einem Blatt geboren und genoß den ersten Sonnenstrahl, der ihr so guttat. Sie entdeckte bald, wie herrlich der Saft der Blätter schmeckte, und war schrecklich stolz, eine so schöne Laus zu sein.
Eines Tages kamen viele große Ameisen den Strauch herauf, und die Laus war fasziniert von der Art, wie die Ameisen sich bewegten, von ihrer Grazie und der eindrucksvollen Ordnung. Ja, dachte sie bei sich: So möchte ich auch sein, sprach's und näherte sich neugierig dem Ameisentrupp. Im selben Augenblick wurde sie von einer Kriegerin geschnappt, getötet und verschleppt.
Die Ameise erzählte zu Hause laut von ihrem Sieg, brüstete sich und malte alles in den grellsten Farben. Eines Tages gingen sie wieder hinaus, um Läuse zu melken. Und wie sie gerade an den Zitzen der Läuse kräftig arbeiteten, sah die Ameise einen Buchfink am Boden schimmern. Wie schön er ist, seufzte sie, was ist dagegen mein graues Kleid!
O, wenn ich nur so sein könnte wie der herrliche Vogel, sprach's und ließ sich von der Laus fallen, um das wundervolle Tier wenigstens aus der Nähe sehen zu können. Im selben Augenblick aber schnappte der Vogel zu, und es war um die Ameise geschehen.
Als der Buchfink das zu Hause im Nest erzählte, meinten alle: Welch erfolgreicher Tag für dich, Vater, wir können mächtig stolz auf dich sein. Da fühlte sich der Buchfink groß. Zufällig warf er einen Blick aus dem Nest. Da sah er, wie eine große Katze geschmeidig den Buckel machte. Welch ein prachtvolles Geschöpf, murmelte er. Wenn ich nur so sein könnte: Stark, glanzvoll und elegant. Da flog er zu ihr hernieder, um sie wenigstens aus der Nähe bewundern zu können.

Die Katze blinzelte, sprang zu und zerriß dem Neugierigen den Kopf, verschlang ihn ganz und ging nach Hause. Auf dem Wege erblickte sie einen streunenden Hund. Wie glücklich muß der sein, miaute sie neidisch: So starke Knochen, ein so herrliches Gebiß und – welche Freiheit! Wenn ich so sein könnte wie er. Sprach's und schlich sich an ihn heran. Der Hund griff zu, zerrte an ihrem weichen Hals und fraß sie auf mit Haut und Haar.
Als er nach Hause kam zu seiner Familie, erzählte er stolz von seinem Abenteuer. Da sah er draußen einen Löwen. Welch königliches Geschöpf, flüsterte der Hund. Wenn ich nur so sein könnte wie er, sprach's und ging hinaus, um den König der Tiere wenigstens aus der Nähe zu besehen. Da sprang der Löwe zu und – blieb liegen. Er hatte einen Herzinfarkt bekommen.

Moral: Zuweilen kommt es eben anders.

Wer leichtgläubig ist, der ist leichtsinnig, und wer sündigt, der schadet sich selbst.

Wer sich über eine Bosheit freut, den wird man verachten, und wer etwas nachschwatzt, dem fehlt es an Verstand.

Hörst du etwas Böses, das schwatze nicht nach, denn solches Schweigen schadet dir nichts.

Du sollst es weder Freund noch Feind sagen;

und offenbare es nicht, wenn du es ohne böses Gewissen verschweigen kannst.

Denn man hört dir wohl zu, aber man hütet sich vor dir, und zu gelegener Zeit läßt man dich den Haß spüren.

Hast du etwas gehört, so laß es mit dir sterben; sei ohne Sorge, du wirst ja nicht davon platzen!

Aber aus einem Narren bricht es heraus wie ein Kind, das geboren werden will.

Wenn ein Wort im Narren steckt, dann ist's genau so, wie wenn ein Pfeil in der Hüfte steckt.

Stelle deinen Nächsten zur Rede: vielleicht hat er's nicht getan; oder wenn er's getan hat, damit er's nicht wieder tut.

Stell deinen Nächsten zur Rede: vielleicht hat er's nicht gesagt; wenn er's aber gesagt hat, damit er's nicht wieder sagt.

Stell deinen Freund zur Rede, denn man verleumdet die Leute gern; darum glaube nicht alles, was du hörst.

Oft entfährt einem ein Wort, das doch nicht böse gemeint war; denn wem ist noch nie ein böses Wort entfahren?

Stell deinen Nächsten zur Rede, bevor du ihm drohst, und bedenke, was Gottes Gesetz fordert.

Jesus Sirach 19,4–17

Der Wolf und die sieben Geislein

»Paßt gut auf«, sagte die alte Geis zu ihren sieben Töchtern. Ich habe heute meine Sitzung beim Psychiater, es kann lange dauern. Ihr wißt, ich trage zur Zeit mein Konfliktfeld aus. Mein Über-Ich ist nicht in Ordnung, man könnte auch von Frustration sprechen. Noch weiß ich nicht, ob es mit dem Klimakterium zusammenhängt; jedenfalls ist der Psychiater hervorragend.
Ich hoffe auf mein Glück.
Also: Paßt gut auf.
Laßt niemanden herein.
Es laufen so viel Sexualverbrecher herum.
Ich mahne euch zur Vorsicht.«
Sprach's und ging zur Sitzung.
Es dauerte nicht lange, da klopfte es.
»Wer ist da?« meckerte der eine Teenager.
»Lupus, dein Lupus.«
Sofort ging die Tür auf und herein kam ein prächtiger Wolf, küßte die Geis zart auf die Schnauze und legte sich gleich lang neben den Kassettenrekorder.
Beim nächsten Klopfen wurde erst gar nicht mehr gefragt. Und so ging es weiter, bis endlich sieben junge starke Wölfe im Zimmer der sieben Geislein waren.
Es wurde eine dufte Party.
Spät kam die alte Geis zurück. Sie fand alles in Ordnung vor.
Nach dem Abendbrot sagte sie zu ihren Kindern:
»Hört mal, meine Kleinen, ich muß euch etwas anvertrauen. Ich erwarte Nachwuchs.«

»Herrlich«, meckerten die Geislein. »Weiß es Vater schon?«
»Nein«, sagte die alte Geis, »das ist es ja eben.
Was ich über dem Euter trage, ist vom Psychiater.«

Moral: Man kann sich weder auf die Wölfe noch auf die Psychiater verlassen.

Wer der Gerechtigkeit und Güte nachjagt,
der findet Leben und Ehre.
Ein Weiser ersteigt die Stadt der Starken
und stürzt ihre Macht, auf die sie sich verläßt.
Wer Mund und Zunge bewahrt,
der bewahrt sein Leben vor Not.
Wer stolz und vermessen ist, heißt ein Spötter;
er treibt frechen Übermut.
Der Faule stirbt über seinem Wünschen;
denn seine Hände wollen nichts tun.
Sprüche 21,21–25

Die Eule und das Schwein

Eines schönen Tages – oder sollte man sagen eines weniger schönen Tages – meldete sich das Schwein bei der Eule zum Gespräch an. Es putzte sich mächtig heraus, band eine rote Schleife um den feisten Nacken, dekorierte den Schwanz mit Pailetten und rieb sich den Schinken mit Speck ein; genauso eben, wie es Schweine tun, wenn sie so tun als ob. Immerhin, das Schwein gefiel sich sehr, stand vor dem Spiegel und dachte an das Märchen von Schneewittchen ... Ja, wer ist denn das schönste im ganzen Land? –

Dann machte es sich auf den Weg zur Eule, die in einer kümmerlichen Baumhütte wohnte, aber bei allen Tieren beliebt war wegen ihrer Weisheit, Freundlichkeit und Wahrhaftigkeit. Und da sie bisher noch von niemandem nach Athen getragen worden war, stand dann auch das Schwein ihr gegenüber, etwas benommen vom Eindruck, den die Brille und die Bücher machten.

»Was willst du?« fragte die Eule gütig.

»Ich will deine Weisheit lernen«, grunzte das Schwein und rieb sich wohlig den fetten Hintern.

»Dann laß uns anfangen«, meinte die Eule gleichmütig.

»Ich stelle dir eine wichtige Frage:

Wo liegen die größten Reichtümer?«

Das Schwein überlegte und schnoberte im Waldboden nach Eicheln.

»Im Dreck«, antwortete es, »im Dreck«;

denn es war ja nichts anderes gewöhnt.

»Du mußt noch viel lernen«, meinte die Eule ernst und lächelte.

Das Schwein ging nach Hause, um nachzudenken.

Als es im Koben angekommen war, setzte es sich die Brille auf, die es unterwegs gekauft hatte und stellte die neuen Bücher in den Trog.

Die anderen Schweine staunten erst, dann aber fingen sie an zu spotten, denn immer wenn das Schwein versuchte, einen wichtigen Satz zu lesen, um darüber nachzudenken, entfuhr ihm ein Furz, und es mußte rülpsen; denn so benahm es sich ja sonst auch.
Da ging es mit seinem Kummer zur Eule, um sich Rat zu holen.
»Ja«, sagte die Weise, »Brille und Bücher machen es nicht!«

Tu nichts Böses, so widerfährt dir nichts Böses.
Halt dich fern vom Unrecht, so trifft dich kein Unglück.
Säe nicht in die Furchen des Unrechts, so brauchst du es nicht siebenfach zu ernten.
Jesus Sirach 7,1–3

Wer sich übernimmt ...

Wenn man den Globus an einer Stelle festhält, wo man es sonst nicht tut, dann ist man in Australien. Wenn man dann noch die Augen zumacht, sieht man das Känguruh, von dem unsere Geschichte erzählt.
Es war einmal ein Känguruh, so ziemlich genau in der Mitte des letzten Erdteils, das hatte einen herrlichen Beutel. Alle Känguruhs haben Beutel. Das ist ja auch sehr praktisch, weil man alles am eigenen Leibe tragen kann. Und weil das Leben zuweilen lang ist, braucht man auch viel.
Es war also einmal ein Känguruh, so ziemlich genau in der Mitte des letzten Erdteils, das hatte einen herrlichen Beutel. Es hatte auch schon viel drin; denn beim Einkaufen konnte es gar nicht genug kriegen.
Was hatte es alles gesammelt:
Edelsteine und andren Schmuck, Porzellan, Bücher, Bilder, Uhren und auch einen Bumerang, weil man den ja in Australien braucht.
Die anderen Känguruhs machten sich mittlerweile schon lustig über dieses eine, und es gab genug kluge Stimmen, die sagten:
Das wird ein schlimmes Ende nehmen.
Denn wer sich überbeutelt, darf sich über die Folgen nicht beschweren.
Eines Tages ging das Känguruh mit vollem Beutel stolz durch die Straßen der Stadt, so daß jedermann sehen konnte, wie es vorne am Bauch hin und her schwappte. Man muß ja zeigen, was man hat.
Zu allem Überfluß betrat es ein großes Kaufhaus und konnte dem Trieb, neue Sachen zu erstehen, nicht widerstehen. Es kaufte einen geheizten BH, karierten Nagellack, eine Verzierung für Klobürsten und ein Portrait von Roy Black; also richtig lebensnotwendige Sachen. Da brach eine Feuersbrunst im Kaufhaus aus.

Alle konnten sich retten, nur das Känguruh nicht, weil der volle Beutel den rettenden Sprung verhinderte.

Moral: Nicht nur in Australien wird manches zum Bumerang

Gesetzlosigkeit verwüstet das ganze Land und Freveltat stürzt die Throne der Herrscher.

So hört nun, ihr Könige, und versteht; lernt es, die ihr die ganze Erde richtet;

horcht auf, die ihr herrscht über die Menge und die ihr prahlt mit den Scharen eurer Völker!

Denn vom Herrn ist euch die Macht gegeben und die Gewalt vom Höchsten, der fragen wird, wie ihr handelt, und erforschen, was ihr plant.

Denn obwohl ihr Diener seines Reiches seid, habt ihr nicht recht regiert und das Gesetz nicht gehalten und habt nicht nach dem Willen Gottes gehandelt.

Er wird schrecklich und schnell über euch kommen, denn es ergeht ein strenges Gericht über die Machthaber.

Denn dem Geringsten kann wohl Erbarmen widerfahren, aber die Gewaltigen werden mit Gewalt zur Rechenschaft gezogen werden.

Weisheit Salomos 6,1–7

Königliches Schach

Am 30. Februar berief der schwarze König alle Figuren nachts um 0.64 Uhr auf die Felder c4; d5, e5 und d4 zu einer Vollversammlung. Als erste hatten die Bauern das Wort:
»Majestät«, sagte der weiße B-Bauer und verneigte sich tief, »Majestät, wir haben den Eindruck, daß wir kleinen Leute immer an der vordersten Front verheizt werden.« Unter großem Applaus bestätigten die anderen Bauern diese Worte. »Majestät«, fuhr der Sprecher fort, »uns nützt weder ein Doppelschritt noch das en-passant. Wir können höchstens von Glück sprechen, wenn wir durchkommen. Aber selbst dann bleiben wir nicht, wer wir sind, sondern werden zu Offizieren oder aber, Majestät bitte, es soll nicht aufdringlich klingen, oder aber wir werden zur Gattin von Majestät.«
– »Ja«, sagte der schwarze König, »das liegt an der Eröffnung, und so sind auch die Spielregeln. Ihr seid eben als kleine Leute geboren, also erleidet ihr auch deren Schicksal.«
Da meldete sich der schwarze Springer von Feld G zu Wort. »Majestät«, begann er, »Majestät, wir Springer haben neulich einmal am Rand über alles gesprochen, das war, als wir gerade alle vier geschlagen waren. Wir haben den Eindruck, daß ausgerechnet die Beweglichen in den Hexenkessel des Geschehens gestürzt werden und notwendigerweise darin umkommen müssen.«
»Nun denn«, sagte der König, »ich höre eure Klage wohl, aber bitte bedenkt, der Bewegliche schützt durch sein Opfer den Bestand der Autorität. Ich danke euch.« Da wagte sich der weiße C-Läufer vor, machte eine tiefe Verbeugung und begann: »Majestät, wir Läufer repräsentieren die Dynamik im Reiche eurer Macht. Aber wir haben den Eindruck, daß man gerade bei uns das Rassenproblem hochspielt.

Schwarz und Weiß sind unsere Farben, wir dürfen nie auf ein und demselben Feld stehen. Wir empfinden das als Ungerechtigkeit.«

Der König antwortete: »Ich höre eure Rede. Aber bedenkt, wo kämen wir hin auf der Welt, wenn ausgerechnet hier auch noch Frieden wäre, wo es doch schon alles andere gibt?!« Schließlich traten alle vier Türme hervor, verbeugten sich nicht und sprachen: »Scheiße! Immer dieselben Ausflüchte.« Zornig wollte der König aufbegehren, besann sich aber darauf, daß er die Türme brauchte, denn sie waren die Stütze überhaupt für seine Macht.

Während des Ganzen hatten die Damen eigentlich immer nur miteinander geflüstert, blinzelten sich zu und freuten sich schon auf die nächste Begegnung, wußten sie doch, daß alles an ihnen lag. Die Figuren waren nicht zufrieden, aber auf einen geheimen Wink hin verneigten sich beide Könige voreinander, rochierten und waren in Sicherheit. Das Schlimme aber war: Beim nächsten Kampf machten alle wieder mit, genauso wie vorher.

Singet dem Herrn ein neues Lied;
singet dem Herrn, alle Welt!
Singet dem Herrn und lobet seinen Namen,
verkündet von Tag zu Tag sein Heil!
Erzählet unter den Heiden von seiner Herrlichkeit,
unter allen Völkern von seinen Wundern!
Denn der Herr ist groß und hoch zu loben,
mehr zu fürchten als alle Götter.
Denn alle Götter der Völker sind Götzen;
aber der Herr hat den Himmel gemacht.
Hoheit und Pracht sind vor ihm,
Macht und Herrlichkeit in seinem Heiligtum.
Ihr Völker, bringet dar dem Herrn,
bringet dar dem Herrn Ehre und Macht!
Bringet dar dem Herrn die Ehre seines Namens,
bringet Geschenke und kommt in seine Vorhöfe!
Betet an den Herrn in heiligem Schmuck;
es fürchte ihn alle Welt!
Sagt unter den Heiden: Der Herr ist König.
Er hat den Erdkreis gegründet, daß er nicht wankt.
Er richtet die Völker recht.
Der Himmel freue sich, und die Erde sei fröhlich,
das Meer brause und was darinnen ist;
das Feld sei fröhlich und alles, was darauf ist;
es sollen jauchzen alle Bäume im Walde
vor dem Herrn; wenn er kommt,
denn er kommt, zu richten das Erdreich.
Er wird den Erdkreis richten mit Gerechtigkeit
und die Völker mit seiner Wahrheit.
Psalm 96

Die Fabel von der kleinen Melodie

(Nur für Kinder, Erwachsene haben keinen Zutritt)

Es war einmal eine kleine Melodie, die wohl im Himmel geboren sein mußte; denn sie klang so schön, daß die Menschen sie gar nicht verstanden. Andererseits aber mußte sie wohl auf der Erde geboren sein; denn sie paßte so gut zwischen die Schmetterlinge und Blumen.
Nun, wir wissen es nicht genau, woher die kleine Melodie kam, jedenfalls war sie eines Tages da und begab sich auf die Suche nach einer Kehle, in der sie wohnen könnte.
Zuerst flog sie nach Australien und kam in das große Sydney. Zwischen Hochhäusern und Asphalt setzte sie sich auf die Stimmbänder eines Schafzüchters, der gerade viele australische Pfundnoten in der Tasche hatte, die aus dem Verkauf der Wolle stammten. Er brachte die Melodie nicht zum Klingen, weil er an das Geld dachte. Da flog die kleine Melodie enttäuscht nach Rußland und geriet ausgerechnet in den Kreml – das ist das große Gebäude, wo die mächtigen Leute regieren. Sie hockte sich auf die Zunge des Parteichefs. Aber er konnte die Melodie nicht zum Klingen bringen, denn er dachte an den 5-Jahres-Plan und an den Protestbrief der Komsomolzen.
Enttäuscht flog die kleine Melodie wieder weiter und kam nach Kentucky in den Vereinigten Staaten. Sie landete genau im Kehlkopf eines reichen Farmers, der dabei war, seinen Kälbern das Brandzeichen aufdrücken zu lassen.
Im Staub und Whiskydunst brachte er keinen Ton heraus. Da begab sich die kleine Melodie in den Vatikan, da wo der berühmte Papst auf dem Heiligen Stuhl sitzt. Als er gerade seine lateinische Messe sang, schlüpfte ihm die Melodie zwischen die Zähne, und versuchte, sich in die strenge Gregorianik zu mischen. Aber das war vergeblich; denn der Gesang der Kirche war seit Jahrhunderten erstarrt. Da flog

die kleine Melodie zur Nachtigall, um sie um Rat zu fragen.
Du machst das ganz falsch, sagte diese, flüsterte ihr das Geheimnis zwischen die Notenlinien, und voller Erwartung machte sich die kleine Melodie auf den Weg nach Afrika. Dort fand sie am Viktoriasee einen kleinen Jungen, der auf der Flöte blies. Sie huschte hinein, und augenblicklich erstrahlte ein neues Lied, das Lied der Hoffnung. Glücklich über das Echo, besuchte die kleine Melodie von nun an nur noch die Kinder, ganz gleich in welchem Land. Und wer gute Ohren hat, der kann sie jeden Tag hören.

Moral: Wirklich nur für Kinder. Erwachsene haben keinen Zugang.

Ein fröhliches Herz
macht ein fröhliches Angesicht;
aber wenn das Herz bekümmert ist,
entfällt auch der Mut.
Sprüche 15,13

Der Bär, der Philosoph werden wollte

Im Land der Kunassen – das ist ein Gebiet zwischen 0.00 Uhr und Mitternacht – lebte ein Bär.
Er lebte gern und tanzte viel, er verspeiste mit Hochgenuß seinen Honig und sang ebensogern fröhliche, wenngleich derbe Lieder. Er war, wie man so landläufig sagt, ein Lebenskünstler, ohne daß die Leute wissen, was das ist.
Genau das war er.
Er konnte herrlich Geschichten erzählen, und die Kinder lernten bei ihm viele gute Gedanken. Eines Tages kam der Kranich in das Dorf der Bären. Der Kranich war allenthalben wohlbekannt wegen seiner Gelehrsamkeit. Man rühmte ihm nach, er sei der beste Philosoph aller Zeiten.
Er habe wirklich eine Welt-Anschauung, und nahezu nichts in der Welt sei ihm fremd. Als der hohe Gast kam, scharwenzelte der Affe um ihn herum, denn er war der Bürgermeister, begrüßte ihn ergeben und geleitete ihn zum Haus des Bären, wo er Unterkunft finden sollte.
Nachdem sie zu Abend gegessen hatten, setzten sie sich in die tiefen Sessel, der Bär zündete seine Pfeife an, und der Kranich begann zu fragen:
»Sagen Sie, mein Lieber, warum leben Sie gern?« Man muß das doch kritisch hinterfragen, nicht wahr? Der Bär wußte keine Antwort – und als der Kranich fragte: »Warum tanzen Sie gern«? ging es ihm ebenso. Schließlich kam die Frage, warum er so gern derbe Lieder sänge und den Kindern Geschichten erzähle? – Der Bär staunte: Donnerwetter, was man so alles fragen kann. Aber er wußte keine Antwort.

So beschloß er am nächsten Tag, Philosoph zu werden, um endlich alledem auf den Grund zu kommen. Aber je mehr er nachdachte, desto weniger konnte er tanzen, und je mehr er fragte, desto weniger konnte er singen. Was das Schlimmste war: Ihm fielen gar keine Geschichten mehr ein, und die Kinder blieben aus, der Honig schmeckte nicht mehr. Müde und krank begab er sich zum Kranich. Als er dort angekommen war, meinte er, nicht recht zu hören und zu sehen; denn der Kranich tanzte und sang, erzählte Geschichten und rief laut, daß er das Leben liebe.
Seither tanzen die Bären wieder.

Wer wahrhaftig ist, der sagt offen, was recht ist;
aber ein falscher Zeuge betrügt.
Wer unvorsichtig herausfährt mit Worten, sticht wie ein Schwert;
aber die Zunge der Weisen bringt Heilung.
Wahrhaftiger Mund besteht immerdar;
aber die falsche Zunge besteht nicht lange.
Die Böses planen, haben Trug im Herzen;
aber die zum Frieden raten, haben Freude.
Sprüche 12,17–20

Gleichberechtigung

In einem Satz wohnten zu einer bestimmten Zeit einige Wörter, ganz so, wie etwa Menschen in einer Straße wohnen. Also, in einer solchen Satzstraße wohnten etliche Wörter. Ich erinnere mich noch genau an den Satz:

»Bei uns herrscht Frieden.« Es war ein wunderbarer Satz, und jedes Wort war glücklich, daß es zu dem ganzen Satz beitragen konnte. »Bei«! sagte zu den andern: »Können wir nicht froh sein, daß wir miteinander leben?« Und »uns« sagte zu seinen Freunden: »Ich bin froh, daß ich alles zusammenfüge.« So ging es auch den übrigen, und sie bildeten eine richtige Gemeinschaft.

Eines Tages kamen zwei neue Wörter; sie kamen von weither und hießen »for ever«.

»Igittegitt«, sagten die Einheimischen, »das sind ja fremde Wörter, das sind ja reineweg Fremdwörter.«

»Die riechen schon so komisch«, sagte »Frieden«.

»Die sehen auch so anders aus«, sagte »bei«.

»Die können wir nicht brauchen«! sagte »uns«.

»Wir müssen sie höflich, aber bestimmt verabschieden«, meinte »herrscht«.

So taten sie sich zusammen und versuchten den beiden Fremden klarzumachen, daß sie hier nichts zu suchen hätten. »Wissen Sie, bei uns ist jede Stelle im Satz besetzt. Und außerdem kann sie ja niemand verstehen. Und schließlich und überhaupt haben Fremdwörter hier nun wirklich nichts zu suchen. Verstehen Sie bitte recht, es ist kein böser Wille, aber ...«

Und während sie noch so scheinheilig argumentierten und dabei ihre Plätze verließen, huschten andere Wörter an ihre Stelle: In die Wohnung von »Bei« zog »Gegen«, in das Appartement von »uns« zog »alle«, in das Zimmer von »herrscht« zog sein Großvater »wütet«, und in das Haus von »Frieden« hielt »Haß« Einzug. Ehe sich die Einheimischen richtig besinnen konnten, war aus ihrer Satzstraße eine fürchterliche Fratze geworden: »Gegen alle wütet Haß!« Da weinten sie und erkannten, wie schön es gewesen wäre, wenn sie die Fremdwörter aufgenommen hätten: »Bei uns herrscht Frieden, for ever!‹« Nun war es zu spät, und seit diesem Ereignis wohnen sie nur noch zur Untermiete, jederzeit kündbar.

Und dein Leben lang habe Gott vor Augen und im Herzen und hüte dich davor, jemals in eine Sünde einzuwilligen und gegen die Gebote unsres Gottes zu handeln. –

Mit deinem Hab und Gut hilf den Armen und wende dich auch nicht von einem einzigen ab, dann wird sich das Angesicht des Herrn auch von dir nicht abwenden.

Wo du kannst, da hilf den Bedürftigen.

Hast du viel, so gib reichlich; hast du wenig, so gib doch das Wenige von Herzen.

Denn so wirst du dir einen guten Lohn für den Tag der Not sammeln.

Denn Almosen erlösen von allen Sünden, auch vom Tode, und lassen die Seele nicht in die Finsternis geraten.

Almosen schaffen große Zuversicht vor dem höchsten Gott. –

Hüte dich, mein Sohn, vor aller Hurerei, und außer mit deiner eignen Frau laß dich mit keiner andern ein.

Hoffart laß weder in deinem Herzen noch in deinen Worten herrschen, denn mit ihr hat alles Verderben seinen Anfang genommen.

Tobias 4,6–14

Abschied von Claudius

Als der gelbe Mond über dem Wasser lag, war es Mitternacht.
Hast du schon einmal einem gelben Mond ins Gesicht gesehen?
Ich habe es getan,
als ich mit ihm allein war.
Es schien mir, als sei er sehr traurig,
nun Abschied nehmen zu müssen
von Matthias Claudius
und auch Abschied vom kranken Nachbarn.
Das war es besonders,
was mir in den Sinn geriet:
Der Abschied vom kranken Nachbarn.
In der Welt der
Automaten,
Bürokraten,
Diplomaten,
Aristokraten,
Heldentaten
und Wanderratten
nehmen wir Abschied vom kranken Nachbarn.
Er stört,
er hat nicht dazusein,
er hat ganz einfach aufgehört, zu existieren.
Schmerzen bitte ins Schließfach!
Sorgen bitte auf Tonband!
Hoffnung bitte in den Kühlschrank!
Menschen bitte in die Gefriertruhe!
Da die Welt aber von kranken Nachbarn wimmelt ...

Und wenn ich nun selbst zum kranken Nachbarn würde?!
Als der gelbe Mond über dem Wasser lag,
war es Mitternacht,
und ich habe mich nicht geschämt,
sein Lied zu singen,
denn es ist das Lied vom kranken Nachbarn.
Hast du schon einmal einem gelben Mond ins Gesicht gesehen?
Ich habe es getan,
als ich mit ihm allein war.

Wer seine Zunge hütet,
bewahrt sein Leben;
wer aber mit seinem Maul herausfährt,
über den kommt Verderben.
Der Faule begehrt und kriegt's doch nicht;
aber die Fleißigen kriegen genug.
Der Gerechte ist der Lüge feind;
aber der Gottlose handelt schimpflich und schändlich.
Die Gerechtigkeit behütet den Unschuldigen;
aber die Gottlosigkeit bringt den Sünder zu Fall.
Mancher stellt sich reich und hat nichts,
und mancher stellt sich arm und hat großes Gut.
Sprüche 13,3–7

Fliegen

Heute ist der Tag der Fliegen
sagten die Kinder,
und sie schlugen nach dem Geschmeiß.
Laß die Kinder sagen:
Heute ist die Zeit der Fliegen,
die Zeit des schwarzen Geschmeißes.
Laß die Kinder sagen ...
nein, laßt sie das nicht sagen!
das nicht!
Die Fliegen könnten es hören.

Klugheit ist ein Brunnen des Lebens
dem, der sie hat;
aber die Strafe der Toren ist ihre Torheit.
Des Weisen Herz redet klug
und mehrt auf seinen Lippen die Lehre.
Freundliche Reden sind Honigseim,
trösten die Seele und erfrischen die Gebeine.
Manchem scheint ein Weg recht;
aber zuletzt bringt er ihn zum Tode.
Der Hunger des Arbeiters arbeitet für ihn;
denn sein Mund treibt ihn an.
Ein heilloser Mensch gräbt nach Unheil,
und in seinem Munde ist's wie brennendes Feuer.
Ein falscher Mann richtet Zank an,
und ein Verleumder macht Freunde uneins.
Ein Frevler verlockt seinen Nächsten
und führt ihn auf keinen guten Weg.
Wer mit den Augen winkt, denkt nichts Gutes;
und wer mit den Lippen andeutet, vollbringt Böses.
Sprüche 16,22–30

Der schwarze Rabe

Ein Rabe mit ganz schwarzem Kleid,
auf das er stolz war alle Zeit,
das er zur Schau trug vor den Tieren,
der Meinung, dieses tät ihn zieren,
beschloß, im Rat der andern Raben
hierzu einmal das Wort zu haben.
Und dies geschah zu früher Stunde;
ganz rabenstill ward's in der Runde,
als jener anhub, zu dozieren:
»Wir haben sehr viel zu verlieren,
wenn wir das Schwarz der Väter mindern,
statt es zu mehren unseren Kindern.
Es gibt schon sehr moderne Raben,
die viele graue Federn haben.« –

Ein junger Rabe fragte keck,
dies habe letztlich wohl den Zweck,
die Grauen greulich hinzustellen,
um aus obskuren Rabenquellen
und rabenschwarzen Rabenherzen
sie irgendwann mal anzuschwärzen!? –

Da sagte jener zuckersüß:
»O lieber Bruder, merke dies:
Laßt eure grauen Federn sein
und steckt euch echte schwarze ein!«

Da rief der Kecke mit Entzücken:
»Aha, mit fremden Federn schmücken!« –
Sie beteten mit schlaffen Flügeln,
um knarrend dieses zu besiegeln.
Da rief der Rabe alle Spatzen.
Versprach, es kämen keine Katzen.
Man kam in schilpendem Gewimmel,
und er versprach den Rabenhimmel.
Man müsse sich die Federn schwärzen
und selbstverständlich auch die Herzen.

Bei dem Versuch, dem nachzukommen,
hat mancher Spatz sich übernommen.
Sein Kleid zu ändern, das man hat,
ist nur ein schlechter Rabenrat.
Den Spatzen wurde eines klar,
daß dies ein Rabenvater war.
Als später in dem Rat der Raben
die Raben sich als Brüder gaben,
da sprach der Kecke von vorher:
»Die Lehr' ist nicht von ungefähr:
Die Spatzen haben wohl erkannt,
daß graue Raben hier im Land
sich mausern, um echt schwarz zu werden,
und dies kann niemanden gefährden.«

Da strich der Schwarze seine Segel.
Die Spatzen blieben einfach – Vögel.
Da ließen sie ihre Stimmen erklingen!
Das war ein Jubeln, und das war ein Singen.
Alle Vögel stimmten mit ein:
Wir dürfen endlich wir selbst wieder sein.

Neige deine Ohren und höre die Worte von Weisen
und nimm zu Herzen meine Lehre.
Denn lieblich ist's, wenn du sie im Sinne behältst;
laß sie miteinander auf deinen Lippen bleiben.
Damit deine Hoffnung sich gründe auf den Herrn,
erinnere ich daran heute gerade dich.
Hab ich dir's nicht mannigfach aufgeschrieben
als Rat und Erkenntnis,
um dir kundzutun zuverlässige Worte der Wahrheit,
damit du rechte Antwort bringen könnest dem,
der dich gesandt hat?
Beraube den Armen nicht, weil er arm ist,
und unterdrücke den Geringen nicht im Gericht;
denn der Herr wird ihre Sache führen
und wird ihre Bedrücker bedrücken.
Sprüche 22,17–23

Mensch oder Unmensch?

Als die Erde vom Geschrei der Menschen widerhallte
und die Welt vom Gedröhn der Düsenjets voll war,
als der blaue Planet unter den Stiefeln der Starken stöhnte
und die Atmosphäre sich füllte mit den Seufzern der Jungen,
da beriefen die Tiere eine Vollversammlung.

Was ist mit dem Menschen los?
so fragte der Löwe. Er hat doch den Auftrag,
die Schöpfung zu verwalten?!
Da meldete sich der Hase zu Wort:
Schonzeit für das Leben – so hieß es einmal am Anfang!
Der Hase konnte sich das erlauben, denn immerhin
nahm ihn der Mensch als Symbol des Dreieinigen Gottes.
Der vorlaute Kakadu mischte sich ein und sprach:
Hat denn der Mensch sich selbst schon vergessen?
O nein, erwiderte die Giraffe,
die immerhin den größten Überblick hatte:
Der Mensch hat Gott vergessen
und übersieht daher auch das Leben.

Die Igel kamen und beklagten den Dreck.
Doch sie wurden von den anderen Tieren beneidet;
denn wer kann sich schon einigeln,
wenn es kritisch wird.

Auch der Falke war unter den Rednern und
antwortete auf die Frage des Löwen,

was denn mit dem Menschen los sei?:
Ich bin der Meinung, der Mensch kommt uns näher,
wird immer mehr Tier!

Dem widersprach der ruhige Pelikan,
beklagte allerdings, daß der Mensch nicht mehr zum Opfer
bereit sei, zum Einsatz für das Leben.
Und der Pelikan mußte das schließlich wissen.

Katzen und Füchse berieten sich und waren der Meinung,
nun endlich würde die Erde zu einer Welt der Raubtiere.
Da verkroch sich die Robbe vor Scham
und verschwand traurig in die Tiefe des Meeres.

Als es zur Abstimmung kam, beauftragten die Tiere
die Taube, die bis dahin geschwiegen hatte.
Sie sollte noch einmal dem Menschen die Botschaft
vom Leben bringen.
So geschah es, und es war, als hätten unendlich viele
Menschen nur auf diesen einen entscheidenden Augenblick
gewartet, auf die Botschaft des Schöpfers,
auf die Nachricht vom Frieden.

Durch den Segen der Frommen kommt eine Stadt hoch;
aber durch den Mund der Gottlosen wird sie niedergerissen.
Wer seinen Nächsten schmäht, ist ein Tor;
aber ein verständiger Mann schweigt stille.
Ein Verleumder verrät, was er heimlich weiß;
aber wer getreuen Herzens ist, verbirgt es.
Wo nicht weiser Rat ist, da geht das Volk unter;
wo aber viele Ratgeber sind, findet sich Hilfe.
Sprüche 11,11–14

Die Maulwürfe

Als die Welt begann,
vertrugen sich die Tiere.
Aber es dauerte nicht lange,
da fielen die Großen über die Kleinen her
und die Starken über die Schwachen.
So blieb es eine halbe Ewigkeit,
bis es unerträglich wurde,
weil zwei große Kriege die Welt erschüttert hatten
und neue Kriege bald in Gang kamen.

Die raffinierten Füchse schlugen Kapital aus dem Geschehen,
die gierigen Hyänen machten sich über die Reste her,
Raubvögel schlugen verirrtes Leben,
Wölfe heulten über Kadavern,
Elefanten zertrampelten die letzte Hoffnung,
und die Geier hockten selbstsicher am Rande der Geschichte.

Die Maulwürfe hatten sich samt und sonders verkrochen,
Motten und Mücken mieden das Licht,
das Niederwild traute sich nur noch abends auf die Lichtung,
Schafe drängten sich ängstlich zusammen,
und die Eintagsfliegen waren froh,
wenn sie ihre 24 Stunden geschafft hatten.
Wie gesagt –
es war unerträglich geworden.

In ihrer Verzweiflung betäubten sich viele Tiere mit Gift,
besonders die jungen,
weil sie den Zustand ihrer Welt nicht mehr ertragen konnten,
andere aber wanderten aus.
Die meisten aber beneideten die Maulwürfe,
die sich verkriechen konnten,
und versuchten, es ihnen nachzutun.
Aber so kamen sie nicht weiter.
Da bat die weise Eule um Gehör:
Warum habt ihr Angst?
Ist euch das Leben so wenig wert?
Worte machen kann jeder!
Verkriechen kann sich jeder!

Da berieten sich die Tiere und erkannten,
daß sie einen schweren Fehler gemacht hatten:
Sie hatten vergessen,
was sie immer schon wußten:
daß jeder nur einmal lebt.

Moral: Sag es den Maulwürfen!

Am Anfang schuf Gott Himmel und Erde.
Und die Erde war wüst und leer,
und es war finster auf der Tiefe;
und der Geist Gottes schwebte auf dem Wasser.
Und Gott sprach: Es werde Licht!
Und es ward Licht.
Und Gott sah, daß das Licht gut war.
Da schied Gott das Licht von der Finsternis
und nannte das Licht Tag
und die Finsternis Nacht.
Da ward aus Abend und Morgen der erste Tag.
1 Mose 1,1–5

Noch ist es Zeit

(Sehr leise zu singen)

Meine Enkel werden in Müllhaufen spielen,
meine Enkel werden in Müllhaufen wühlen,
in Kunststoff und Chrom,
das wird ihr Dom,
wo sie die Vergangenheit anbeten
und die Zukunft zertreten,
und mit Asbestsohlen
gehen sie über zerfledderte Dohlen,
deren Schnäbel zu müde waren,
durch den Gestank zu fahren.
Meine Enkel werden in Müllhaufen spielen,
meine Enkel werden in Müllhaufen wühlen.
Dann schämen sich sogar die langen Ratten,
die eigentlich immer noch Scheu vor den Menschen hatten,
vor den Menschen, als es sie noch gab,
die jetzt aber Bäuche ausschlürfen auf eigenem Grab.
Vielleicht geht dann ein einsamer Franziskaner
zusammen mit einem weißgewordenen Afrikaner,
um das Erbe zu sammeln,
und ihr Gebet wird zum Stammeln
über den Pillenresten
und den Wegwerfkästen.
Meine Enkel werden in Müllhaufen spielen,
meine Enkel werden in Müllhaufen wühlen.
Dann werden sie zusammen mit den letzten Tieren
ganz einfach krepieren,
wenn wir nicht heute die Sonne begrüßen,

wenn wir nicht heute die Blumen begießen,
wenn wir nicht heute die Giftmischer bannen,
wenn wir nicht heute in Kübeln und Wannen
den Unrat der Zeit in den Tiefen verbrennen
und die Gefahr für die Zukunft erkennen.
Wenn wir nicht heute ...
Doch, Leute,
wer denkt schon an seine Enkel!?
Da schlägt man sich lieber auf die satten Schenkel,
und läßt Menschen und Tiere im Tschad verdursten
und läßt die Werte des Menschseins verwursten,
preist sie an auf dem Markt von Chaos und Tod
und schlitzt sich die Bäuche auf über Scheiben von Brot.
Wenn wir nicht heute ...
Doch, Leute, doch!
Noch
ist die Milchstraße abends zu sehen,
noch kann man die meisten Wege gehen,
noch gibt es Menschen, die wollen denken,
noch können wir das Atom versenken.
Noch!
Wie lange noch?
Meine Enkel werden in Müllhaufen spielen,
meine Enkel werden in Müllhaufen wühlen,
in Kunststoff und Chrom.
Das wird ihr Dom!
Wenn ...! – Aber wer ist bereit?
Noch ist es Zeit.

Besser wenig mit der Furcht des Herrn
als ein großer Schatz, bei dem Unruhe ist.
Besser ein Gericht Kraut mit Liebe
als ein gemästeter Ochse mit Haß.
Ein zorniger Mann richtet Zank an;
Ein Geduldiger aber stillt den Streit.
Der Weg des Faulen ist wie eine Dornenhecke;
aber der Weg der Rechtschaffenheit ist wohl gebahnt.
Sprüche 15,16–19

Schon viel

Als das Meer rauschte,
begann ich die Gräser zu lieben,
die Blumen, die Muscheln,
den Teer
und die Menschen.
Als das Meer rauschte.
Da fragten die Kinder,
woher das Wasser käme?
Was sollte ich sagen?
Von irgendwo?
Ich sagte ihnen, es sei dasselbe Wasser,
das auch das große Afrika umspült.
Da hörte ich auf, die Gräser zu lieben,
weil ich erkannte,
daß zur gleichen Zeit meiner Träume
dort irgendwo die Menschen krepieren
mit aufgeschlitzten Bäuchen,
auch das sagte ich den Kindern
in die aufgerissenen Augen hinein,
das von den Schwangeren,
in die man hineintritt,
das von den Foltern, an denen man sich weidet,
das vom Hunger und Durst,
auch das von Starfightern, die abstürzen
und von den Bonzen
und auch von den Scheißkerlen, die den Krieg machen.
Die Kinder merkten den Haß

und merkten auch meine Verzweiflung,
geboren aus der Ohnmacht.
Da begannen sie, die Gräser zu lieben,
die Blumen zu pflücken
und das Meer rauschen zu hören.
Wahrscheinlich muß es immer mehr Kinder geben,
die fragen,
und immer mehr Väter,
die sich schämen,
wenn sie hassen.
Da begann ich, die Kinder zu lieben
und die Zukunft.
Ich will das nach Afrika schreiben.
Vielleicht lernt einer daran die Hoffnung.
Vielleicht einer.
Das wäre schon viel.

Laß dich nicht treiben von jedem Wind, und folge nicht jedem Weg, wie die doppelzüngigen Sünder,

sondern bleibe fest bei dem, was du erkannt hast, und rede nicht bald so, bald anders. –

Sei schnell bereit zum Hören und laß dir Zeit, freundlich zu antworten.

Verstehst du etwas von der Sache, so erkläre es deinem Nächsten, wenn nicht, so halt den Mund.

Denn Reden bringt Ehre, aber Reden bringt auch Schande; und der Mensch kommt durch seine eigne Zunge zu Fall. –

Mache niemand heimlich schlecht, und rede nicht hinterhältig!

Denn über den Dieb kommt Schande, doch schlimmer Tadel über den Doppelzüngigen. –

Achte nichts gering, es sei klein oder groß.

Jesus Sirach 5,11–18

Simon von Kyrene

Die kleinen Holzstücke,
aus denen ich das Kreuz klebte,
waren zu winzig für meine Hände.
Die großen Holzstücke damals
auf der Schutthalde vor der City
von Jerusalem
sind zu groß für meine Hände.
Aber genau die großen Stücke sehe ich heute
in der ganzen Welt,
überall da, wo man sie auf Menschen klebt,
die das Kreuz tragen müssen,
gleich welches,
weil andere riefen:
Gib Barabbas frei!
Barabbas aber war ein Mörder.
Laßt uns mehr Hände suchen,
die Kreuze tragen helfen;
denn Simon von Kyrene darf kein Einzelgänger
bleiben.
Es gibt zu viel Schutthalden.
Auch die letzte wäre noch zuviel.

Geh hin zur Ameise, du Fauler
sieh an ihr Tun und lerne von ihr!
Wenn sie auch keinen Fürsten noch Hauptmann
noch Herrn hat, so bereitet sie doch ihr
Brot im Sommer und sammelt ihre Speise
in der Ernte.
Sprüche 6,6–8

Die Ameisen

Einst lebte unter den Tieren der Erde
das große Volk der Ameisen,
und es zählte nach Millionen.
Sie galten als fleißig,
und jedermann konnte beobachten,
wie ein jedes seiner Aufgabe nachkam
und tapfer schwere Lasten schleppte;
dies allerdings mit großer Freude.

Bald hatte es sich herumgesprochen,
daß die Ameisen ein Geheimnis hatten:
Sie waren sich *einig,*
taten alle wichtigen Dinge *gemeinsam,*
und sie schafften viel trotz ihrer Unscheinbarkeit.
Sie zeigten Mut im Kleinen,
Besonnenheit im Großen,
und »einer trug des anderen Last«.

Die anderen Tiere lächelten zuerst,
machten sich lustig,
zweifelten an der Energie
und machten sich auch einen Spaß daraus,
die Ameisen zu drangsalieren,
zertraten viele von ihnen und spotteten.

Mehr und mehr aber lernten sie von ihnen,
übernahmen ihre Lebensweise
und lernten ein neues Leben kennen.

Das aber stieg den Ameisen zu Kopf.
Sie wurden stolz, hielten sich für wesentlich,
gaben sich hochmütig und wurden faul.
Viele von ihnen schafften es gerade noch,
ihre Steuern zu bezahlen,
kamen gelegentlich zu den großen Zusammenkünften
(zumeist nur sonntags),
spalteten sich in verschiedene Gruppen und wurden
sehr schwach.

Da feixten die anderen Tiere:
»Haben wir es nicht immer gesagt?«

Das Schlimme aber war,
daß die großen Tiere nun weiter die kleinen zertraten.

Pause –

Frage: Was müßte man den Ameisen raten?

Ich will nun preisen des Herrn Werke und verkünden, was ich gesehen habe. Durch das Wort des Herrn sind seine Werke geworden.
Die Sonne blickt auf alle Welt herab und gibt ihr Licht, und des Herrn Werk ist seiner Herrlichkeit voll.
Es ist selbst den Engeln des Herrn nicht gegeben, alle seine Wunderwerke zu verkünden, die der allmächtige Herr geschaffen hat, damit das All durch seine Herrlichkeit besteht.
Er allein erforscht den Abgrund und das Herz der Menschen und durchschaut, was sie vorhaben.
Denn der Höchste weiß alle Dinge und sieht voraus, was geschehen wird.
Er verkündet, was vergangen und was zukünftig ist, und offenbart, was verborgen ist; es entgeht ihm
kein Gedanke, und nichts ist ihm verborgen.
Er hat die Werke seiner Weisheit fest gegründet, wie er selber ist von Ewigkeit zu Ewigkeit.
Man kann sie weder größer noch geringer machen, und er hat keinen Ratgeber nötig.
Wie herrlich sind alle seine Werke, obwohl man kaum einen Funken davon erkennen kann.
Dies alles lebt und bleibt für immer, und wenn er sie braucht, sind sie alle gehorsam.
Es sind immer zwei; eins steht dem andern gegenüber, und dem, was er gemacht hat, fehlt nichts.
Er hat es so geordnet, daß eins dem andern nützt.
und durch sein Wort besteht alles.
Wenn wir auch viel sagen, so reicht es doch nicht aus; mit einem Wort: Er ist alles.
Wenn wir auch alles hoch rühmen – was ist das? Er ist doch noch viel höher als alle seine Werke.
Der Herr ist zu fürchten und unaussprechlich groß, und seine Macht ist wunderbar.

Lobt und preist den Herrn, so hoch ihr könnt; er ist doch noch höher.
Preist ihn aus allen Kräften und laßt nicht ab;
dennoch reicht es nicht aus!
Wer hat ihn gesehen, daß er von ihm erzählen könnte?
Wer kann ihn so hoch preisen, wie er ist?
Wir sehen von seinen Werken nur das wenigste; denn viele noch größere sind uns verborgen.
Denn alles, was da ist, das hat der Herr gemacht, und den Gottesfürchtigen gibt er Weisheit.
Jesus Sirach 42,15–26; 43,28–37

Alte Boote

Als ich die alten Boote sah,
verlassen,
verteert
und unsagbar einsam,
dachte ich:
So sind auch unsere Worte,
jedes ein Boot,
einmal geboren, Fracht zu tragen,
wichtige, entscheidende Fracht.
Jetzt liegen am Strand der neuen Zeit
alte Worte,
Touristen halten vielleicht nach ihnen Ausschau,
Objekte der Kamera,
nicht mehr.
Soll ich sie dir zeigen,
die alten Boote:
Freiheit!
Es sollte die Fracht des Lebens tragen.
Aber die Ruderer wurden müde.
Hoffnung!
Es sollte die Fracht des Lebens tragen.
Aber die Mannschaft verlor das Steuer.
Liebe!
Es sollte die Fracht der Erfüllung tragen.
Aber der Mensch verlor die Geduld.
Jetzt liegen die alten Boote am Strand der neuen Jahre.
Und auf dem Wasser der Gegenwart

heulen die Motore
der künstlichen Renner,
und sie tragen die Namen
Zwang statt Freiheit,
Verzweiflung statt Hoffnung,
Gier statt Liebe.
Nur eines können sie:
sie fahren schneller,
schneller in die Vernichtung.
Ich will die alten Boote besteigen.
Kommst du mit?
Wir werden rudern müssen,
rudern um Freiheit, Hoffnung und Liebe.
Ich rudere gern.

Nimm nicht jeden bei dir auf; denn die Welt ist voller List und Verleumdung.

Wer ein falsches Herz hat, ist wie ein Lockvogel und wie ein Kundschafter, der nach einer schwachen Stelle späht.

Denn was er Gutes sieht, deutet er aufs Schlimmste, und den Allerbesten sagt er das Schändlichste nach.

Aus einem Funken macht er ein großes Feuer, und der Gottlose lauert darauf, Blut zu vergießen.

Hüte dich vor solchen Buben – sie haben nichts Gutes im Sinn –, daß sie dir nicht ewige Schande anhängen.

Nimmst du einen Fremden bei dir auf, so wird er dir Unruhe bringen und dich in deinem eignen Haus zum Fremden machen.

Jesus Sirach 11,30–35

Am Tag der Tiere

Am Tag, als das Gras nach unten wuchs und die Vögel rückwärts flogen, berief der König der Tiere eine Vollversammlung ein. Auf der Tagesordnung stand als einziges Thema: »*Was ist der Mensch?*« Allgemeine Zustimmung fand ein gemeinsamer Vorschlag der Läuse und Flöhe – denn die haben am meisten mit den Menschen zu tun –, die Tiere sollten doch einen *offenen Tag* durchführen, um die Menschen kennenzulernen. Nachdem das Risiko sorgfältig durchgesprochen war, denn es ist immer ein Risiko, Menschen zu begegnen, beschlossen die Tiere einen *Tag der offenen Tür*. Die Vögel hatten die Einladung in alle Welt zu tragen; und so geschah es. Es sollte ein Fest *der Begegnung* werden, ein Fest der fröhlichen Kreatur. Die Hyänen bekamen den Auftrag, an den Grenzen Posten zu stehen, Wache zu halten und jeden Gast, der vorgab, ein Mensch zu sein, nach seinem Ausweis zu fragen, um die Identität zu prüfen.

Nun kam der erste Mensch an die Grenze der Tiere. Würdevoll erhob sich die Hyäne, ging auf den Fremdling zu und fragte ihn: »Bist du ein Mensch?« »Ja«, sagte der Zweibeiner. – »Womit kannst du dich als Mensch ausweisen?« fragte die Hyäne. – »Nenne mir drei unveränderliche Kennzeichen.« Ohne zu zögern antwortete der Gefragte: »Du siehst, ich gehe aufrecht, du siehst, daß ich wie ein Mensch aussehe, du hörst, daß ich wie ein Mensch spreche! Ich bin ein Mensch.« – »Das genügt uns nicht«, sagten die Tiere und wiesen den Gast ab.

Nach kurzer Zeit kam ein anderer und wollte in das Reich der Tiere. Auch ihm wurde gesagt, er solle sich durch drei unveränderliche Kennzeichen als Mensch ausweisen. Er überlegte einen Augenblick und sagte: »Ich bin von einem Menschen gezeugt, und von einem Menschen geboren, also bin ich ein Mensch; ich denke über die Vergangenheit nach, und ich plane für die Zukunft! Also bin ich Mensch.« – »Schon besser«, sagte die Hyäne, »wir wollen es mit dir versuchen, obwohl auch du uns die eigentliche Antwort schuldig geblieben bist.« – Noch viele kamen an die Grenze der Tiere, und ihre Antworten waren: Ich fühle, ich habe einen Beruf, ich habe Geld, ich habe Macht, ich habe eine Wohnung, ich habe Waffen und vieles andere mehr. Aber die Tiere waren enttäuscht. Schon wollten sie den *Tag der offenen Tür* absagen, da kamen drei singende Kinder. – »Warum singt ihr?« fragte die Hyäne. – »Weil wir uns freuen«, antworteten die Kinder. »Warum seid ihr gekommen?« fragte die Hyäne weiter. – »Weil wir euch danken!« antworteten die Kinder. – »Und warum kommt ihr zu dritt?« wollte die Hyäne wissen. »Weil wir uns lieben«, riefen die Kinder, überschritten einfach die Grenze und wurden herzlich aufgenommen. – »Ja, das sind Menschen!« sagte die weise Eule, »denn sie reden nicht von Kennzeichen, sondern sie sind es selbst: Freude, Dank und Liebe.« Es wurde ein herrlicher Tag, und die Tiere begannen zu hoffen.

Liebes Kind, tu nichts zur Unzeit, und hüte dich vor Unrecht,
und um deines Heiles willen schäme dich nicht, die Wahrheit zu sagen.
Denn man kann sich so schämen, daß man in Sünde gerät, und man kann sich auch so schämen, daß man Gnade und Ehre davon hat. –
Sieh nicht die Person an zum Schaden deiner Seele, und weiche nicht vom Recht dir zum Verderben.
Halt dein Wort nicht zurück,
wenn du andern damit helfen kannst;
denn im Wort gibt sich die Weisheit kund und Einsicht in dem, was die Zunge spricht. –
Widersprich nicht der Wahrheit, sondern dulde den Spott, wenn du die Sache nicht getroffen hast.
Schäme dich nicht zu bekennen, wenn du gesündigt hast, sonst versuchst du vergeblich, den Lauf eines Stromes zu hemmen. –
Mach dich nicht zum Diener eines Narren und nimm auf einen Mächtigen keine Rücksicht,
sondern verteidige die Wahrheit bis in den Tod, so wird Gott der Herr für dich streiten. –
Sei nicht wie die, die große Worte machen, aber träge und lässig sind in ihren Taten.
Jesus Sirach 4,23–34

Wes Brot ich eß, des Lied ich sing

Die jungen Dachse waren eine fabelhafte Gesellschaft,
wie es junge Dachse eigentlich immer sind.
Man hatte sie zur Schule geschickt,
damit sie ihre Anlagen vervollkommneten
und ihre Beweglichkeit einübten.
Außerdem sollten sie kritisch werden und selbständig,
und selbstbewußt,
und gemeinschaftsfördernd,
und konstruktiv,
und ehrlich,
und sozial
und
und
und!

Die meisten Lehrer der Höheren Dachsschule waren graue Wölfe, die vor Erfahrung und Selbstüberzogenheit fast platzten. Im Kollegium waren auch einige nichtssagende Faultiere, dazu noch einige Ziegen, ein paar Affen, eine Giftschlange und natürlich auch ein paar Dachse, wie das eben in einem buntzusammengesetzten Tierkollegium ist. Die jungen Dachse waren eine fabelhafte Gesellschaft; denn wenn ein Wolf sagte: »Die Welt ist eine Scheibe!« dann sagten sie:

»Nein! Die Welt ist eine Kugel!« Oder wenn ein Faultier meinte, Ruhe ist die erste Bürgerpflicht! dann sagten sie:

»Nein! Protest ist der erste Schritt zum Leben!« Oder wenn die Giftschlange öffentlich zur verlogenen Diplomatie riet, dann sagten sie: »Nein, es kommt auf die Wahrheit an!« Und wenn die

Affen zur Anpassung und Imitation rieten, dann sagten sie: »Originalität ist entscheidend.« – Ja, die jungen Dachse waren in Ordnung. Dann kam der Tag der großen Prüfung und langen Reden. Was war nur in die Dachse gefahren?
Einer sagte: »Die Welt ist eine Scheibe!« Ein anderer: »Ruhe ist die erste Bürgerpflicht!« Der dritte: »Man muß diplomatisch sein, selbst auf Kosten der Wahrheit«, ein anderer: »Anpassungsvermögen ist wichtig.« – Nur einer machte diesen Hohn nicht mit, ging zum Elefanten und klagte ihm seine Enttäuschung. Der aber riet ihm zur dicken Haut.
Unmoralische Frage: Woher nehmen?

Ein jegliches hat seine Zeit, und alles Vorhaben unter dem Himmel hat seine Stunde:
geboren werden hat seine Zeit,
sterben hat seine Zeit;
pflanzen hat seine Zeit,
ausreißen, was gepflanzt ist, hat seine Zeit;
töten hat seine Zeit, heilen hat seine Zeit;
abbrechen hat seine Zeit, bauen hat seine Zeit;
weinen hat seine Zeit, lachen hat seine Zeit;
klagen hat seine Zeit, tanzen hat seine Zeit;
Steine wegwerfen hat seine Zeit,
Steine sammeln hat seine Zeit;
herzen hat seine Zeit,
aufhören zu herzen hat seine Zeit;
suchen hat seine Zeit, verlieren hat seine Zeit;
behalten hat seine Zeit,
wegwerfen hat seine Zeit;
zerreißen hat seine Zeit,
zunähen hat seine Zeit;
schweigen hat seine Zeit,
reden hat seine Zeit;
lieben hat seine Zeit, hassen hat seine Zeit;
Streit hat seine Zeit, Friede hat seine Zeit.
Man mühe sich ab, wie man will,
so hat man keinen Gewinn davon.
Ich sah die Arbeit, die Gott den Menschen gegeben hat, daß sie sich damit plagen.
Er hat alles schön gemacht zu seiner Zeit, auch hat er die Ewigkeit in ihr Herz gelegt; nur daß der Mensch nicht ergründen kann das Werk, das Gott tut, weder Anfang noch Ende.
Prediger 3,1–11

Wenn der Stein spräche

Als ich den Stein heute fand,
als ich den Stein fand.
– welcher Junge hat ihn vor 2000 Jahren
ins Wasser geworfen?
Welches Mädchen hat mit ihm das Träumen gelernt,
als es Abschied nahm,
irgendwann vor grauen Jahren?
Wenn er erzählen würde,
wenn der Stein spräche,
würde er mir sagen von dem Jungen
und von dem Mädchen mit seinem Traum?
Ich begriff,
daß Steine die Zeit bergen,
umhüllen und umschützen,
Tresore der Vergangenheit.
Als ich den Stein ins Wasser warf,
fragte ich:
Welcher Junge wird ihn nach vielleicht nur 30 Jahren
oder 50
oder nach einer halben Ewigkeit
auch wieder werfen?
Welches Mädchen wird dann vielleicht
mit ihm das Träumen lernen,
wenn es Abschied nimmt,
wenn es weint
oder küßt?
Wird es die Zeit überhaupt geben?

Für Steine,
Jungen
und Mädchen,
für unsere Welt?

Mein Kind, willst du Gottes Diener sein,
so bereite dich auf Anfechtung vor.
Mache dein Herz bereit und steh fest
und wanke nicht, wenn sie über dich kommt.
Halt dich an Gott und weiche nicht,
damit du am Ende erhöht wirst.
Alles, was dir widerfährt, das nimm auf dich,
und sei geduldig bei jeder neuen Demütigung.
Denn wie das Gold durchs Feuer,
so werden auch, die Gott gefallen,
durchs Feuer der Trübsal erprobt.
Jesus Sirach 2,1–5

Wider die Angst

Unter den vielen, vielen Tieren der Schöpfung lebte eine kleine Maus mit einer ganz, ganz großen Seele. Eine Seele zu haben, war ja der Wille des Schöpfers. Aber gleich eine so große!

Manchmal meinte die kleine Maus, sie wäre ein einziges Ohr.

Kann man sich vorstellen, nur Ohr zu sein?

Alles zu hören, selbst die feinsten Klageschreie der gejagten Kreatur.

Immer wenn sie so ganz Ohr war, wünschte sie sich einen Berg von Watte, um nichts mehr hören zu müssen. Denn was sie hörte, machte ihr Angst, schrecklich, peinigende Angst, so daß sie sich selber vorkam, als sei sie von tausend Katzen umstellt.

Manchmal meinte die kleine Maus, sie wäre ein einziges Auge.

Kann man sich vorstellen, nur Auge zu sein?

Alles zu sehen, selbst die unscheinbarsten Wunden der geplagten Kreatur.

Immer wenn sie so ganz Auge war, wünschte sie sich einen Berg von Tüchern, um nichts mehr sehen zu müssen. Denn was sie sah, machte ihr Angst, schreckliche, peinigende Angst, so daß sie sich vorkam, als stäke sie in einer gräßlichen Falle.

Manchmal meinte die kleine Maus, sie wäre eine einzige Nase.

Kann man sich vorstellen, nur Nase zu sein?

Alles zu riechen, was zum Himmel stinkt in der Welt der verzagten Kreatur!

Immer wenn sie ganz Nase war, wünschte sie sich ein Faß voll Parfüm, um nichts riechen zu müssen. Denn was sie roch, machte ihr Angst, schreckliche, peinigende Angst, so daß sie sich vorkam, als säße sie mitten im Speck voller Gift.

In ihrer Not ging sie zum Schöpfer: »Lieber Herr«, sagte sie, »ich möchte keine große Seele. Ich habe zuviel Angst und kann bald nicht mehr leben.«
Gütig antwortete ihr der Vater des Lebens: »Sag mir, ist es die Wirklichkeit, die du hörst, siehst und riechst?« –
»Ja«, antwortete die kleine Maus mit der großen Seele.
»Nein«, sagte der Herr geduldig, »es ist nicht die Wirklichkeit, es ist die Fratze der Wirklichkeit. Ich verstehe, daß du Angst hast. Aber ich brauche deine große Seele, damit das wirkliche Leben zum Vorschein kommen kann. Ich will dir helfen, daß aus dem Hören das Begreifen, aus dem Sehen das Erkennen und aus dem Riechen das Empfinden für meine Wahrheit wird.«
Glücklich ging die kleine Maus mit der großen Seele nach Hause, wußte sie doch nun, daß sie wichtig war und nicht allein und voller Kraft.

Der Herr haßt alles, was ein Greuel ist; und wer ihn fürchtet, der scheut sich davor. –

Er hat im Anfang den Menschen geschaffen und ihm die Entscheidung überlassen.

Wenn du willst, so kannst du die Gebote halten und in rechter Treue tun, was ihm gefällt.

Er hat dich vor Feuer und Wasser gestellt; ergreife das, was du willst!

Der Mensch hat vor sich Leben und Tod; was er davon will, das wird ihm gegeben werden.

Denn die Weisheit des Herrn ist groß, er ist stark und mächtig

und sieht alles:

seine Augen sehen auf die, die ihn fürchten, und er weiß genau, was recht getan oder Heuchelei ist.

Er hat niemand geboten, gottlos zu sein, und niemand erlaubt zu sündigen.

Jesus Sirach 15,13–21

Die Mäuse

Unter der Sonne Gottes lebten vor vielen Jahren im Lande Afrika die Völker der Mäuse glücklich und in Frieden. Sie gingen ihrer Arbeit nach, heirateten und bekamen viele Kinder. Wenn der große Regen kam, suchten sie ihre schützenden Behausungen auf; kam die Dürre, bissen sie ihre Nagezähne aufeinander und hielten tapfer aus.
Eines Tages landete ein Schiff mit tausend Katzen, die aus den Ländern Europas kamen. Die Mäuse begrüßten sie zutraulich und entgegenkommend, denn sie hatten noch nie Katzen gesehen. Doch die Katzen flüsterten untereinander: »Laßt sie näher kommen! Dann schlagen wir zu!«
So geschah es, daß ein großes Sterben unter den Mäusen begann, und die Vögel trugen die Kunde in alle Welt. Aber das half den Mäusen wenig; denn die Katzen hatten scharfe Krallen, gefährliche Zähne, trugen Uniform und übten eine unerbittliche Herrschaft.
Hundert Jahre lang litten die Mäuse auf diese Weise große Qual.
Dann aber ging ein großes Flüstern durch die Völker der Mäuse: »Seht, die Katzen sind trunken; sie torkeln vor Trägheit, sie wanken vor Hochmut! Wir wollen sie ins Meer jagen. Harambee!« Das ist die Mäusesprache und heißt: Sieg! Einheit! Vorwärts!
Da flohen die Katzen und berichteten zu Hause jammernd: »Wir wollten ihnen doch nur helfen.«

Moral: Die Katze läßt das Mausen nicht.

Ein treuer Freund ist ein starker Schutz; wer den findet, der findet einen großen Schatz.
Ein treuer Freund ist nicht mit Geld oder Gut zu bezahlen, und sein Wert ist nicht hoch genug zu schätzen.
Ein treuer Freund ist ein Trost im Leben; wer Gott fürchtet, der bekommt solchen Freund.
Denn wer Gott fürchtet, der wird auch gute Freundschaft halten; und sein Nächster wird so werden, wie er selbst ist.
Jesus Sirach 6,14–17

Die Blume und der Kolibri

Es war einmal eine kleine Blume – und wer sich selbst kennt, weiß, wen ich meine – also: es war einmal eine kleine Blume, die stand mitten in der Wüste, war es nun eine Wüste aus Sand oder aus Stein oder aus Geld; jedenfalls war es eine Wüste.

Täglich wartete die kleine Blume auf einen Regentropfen. Immer hatte man ihr erzählt, wie wichtig und schön der Regen sei. Doch wenn es wirklich nach Regen roch, kamen die Geier und fingen alle Hoffnung ab.

Mit Mühe hielt sich die kleine Blume im lockeren Boden und hatte einfach Angst, Angst vor der sengenden Hitze, Angst vor der Einsamkeit, Angst vor dem nächsten Sturm. Ein Kolibri sah ihre Traurigkeit und sagte dies den anderen Tieren weiter.

Der Stier hatte kein Interesse. Für ihn galt nur, was stark ist. Auch der Bernhardiner blieb kalt, ihn rührte nichts. Sein Hobby war die Langeweile. Und die Elster, die immer so große Töne schwang, sagte, sie habe zu viele Termine und wirklich keine Zeit.

Da war der Kolibri verzweifelt; denn was sollte er, ausgerechnet der Kleinste, tun? Es konnte doch nicht wahr sein, daß sich die anderen Tiere drückten!

Da schwirrte er kurzentschlossen zu den Ameisen und berichtete ihnen von der großen Traurigkeit der Blume. Ohne zu zögern, bildeten die kleinen Tiere eine lange Kette, schleppten Grassamen und Früchte bis an die Wurzel des Kummers, benetzten alles ein wenig mit Tau, und es dauerte nicht lange: da wuchs Leben mitten in der Wüste, und die kleine Blume entwickelte sich zu einem strahlenden Glanz, den ihr niemand zugetraut hatte. Und alles war nur möglich, weil der Kolibri die Ameisen benachrichtigte.

Zucht bewahren ist der Weg zum Leben;
wer aber Zurechtweisung nicht achtet, geht in die Irre.
Falsche Lippen bergen Haß,
und wer verleumdet, ist ein Tor.
Wo viele Worte sind, da geht's ohne Sünde nicht ab;
wer aber seine Lippen im Zaum hält, ist klug.
Des Gerechten Zunge ist kostbares Silber;
aber der Gottlosen Verstand ist wie nichts.
Des Gerechten Lippen erquicken viele;
aber die Toren werden an ihrer Torheit sterben.
Der Segen des Herrn allein macht reich,
und nichts tut eigene Mühe hinzu.
Sprüche 10,17–22

... der konnte kundern

Ich möchte kundern können;
dabei kann man so schön träumen,
denken und wachen.
Die Gedanken kommen und gehen;
man wird ruhig,
ganz ruhig, wenn man kundern kann.
Ich habe mal einen getroffen,
der konnte kundern.
und er war glücklich.
Außerdem möchte ich Kamba spielen;
dabei kann man so schön träumen,
denken und wachen.
Die Gedanken kommen und gehen;
man wird ruhig,
ganz ruhig,
Wenn man Kamba spielen kann.
Ich habe mal einen getroffen,
der konnte Kamba spielen
und er war frei.
Schließlich möchte ich
in Borkaritten sprechen;
dabei kann man so schön träumen,
denken und wachen.
Die Gedanken kommen und gehen;
man wird ruhig,
ganz ruhig, wenn man in Borkaritten sprechen kann.
Ich kannte mal einen,

der konnte in Borkaritten sprechen,
und er war ein Mensch.
Wenn ich das alles kann,
dann möchte ich endlich marputten.
Dabei kann man so wunderbar
glücklich sein.
Ich hab mal einen getroffen,
der konnte herrlich marputten.
Nun habe ich begonnen,
das Kundern zu üben,
Kamba zu spielen,
Borkaritten zu sprechen
und viel zu marputten.
Aber es gelingt mir noch schlecht,
weil ich einfach nicht weiß,
was es ist.
Weißt du's?
Dann hilf mir,
hilf mir,
glücklich zu werden.

Das Herz des Narren ist wie ein Topf mit einem Sprung: es kann keine Lehre behalten.

Wenn ein Vernünftiger eine gute Lehre hört, so lobt er sie und fügt noch etwas hinzu; hört sie aber einer, der üppig lebt, so mißfällt sie ihm, und er kehrt ihr den Rücken. –

Die Rede des Narren drückt wie eine Last beim Gehen; aber wenn ein Weiser redet, da hört man gern zu.

In der Gemeinde gibt man auf das acht, was der Weise redet; und was er rät, nimmt man sich zu Herzen.

Für den Narren ist Weisheit wie ein eingefallenes Haus; und die Erkenntnis des Unverständigen hüllt sich in leere Worte.

Wenn man den Narren erziehen will, so stellt er sich an, als wollte man ihm Fesseln an Hände und Füße legen;

aber ein Weiser hält Zucht für goldenen Schmuck und für ein Geschmeide am rechten Arm. –

Ein Narr läuft einem ohne weiteres ins Haus; aber ein Besonnener scheut sich davor.

Ein Narr guckt einem ohne weiteres zum Fenster hinein; aber ein Guterzogener bleibt draußen stehen.

Jesus Sirach 21,17–25

Das Wollgras

Ein Wollgrasbüschel stand im Moor –
vom Wind geblähter Silberflor,
wie weißer Wattebausch auf Stelzen
und Fadenblei ganz kurz vorm Schmelzen;
wie Spinngeweb von Zwergenspinnen,
als hätt' die Moorfrau da tief drinnen
die schönsten Lichter angezündet,
die man auf dunklem Torfgrund findet.
Und die verträumte Schönheit blühte,
als unter ihr der Moorgrund glühte.
Sie stand in zitterndem Mistral:
ein aufgepusteter Kristall.

Da kam ein junger Mann des Wegs
und sah, daß jenseits eines Stegs
die Schönheit winkend nach ihm rief,
und er sprang hin und lief und lief.
Doch jenes lockende Gewehe
zerrann vor ihm und: Stehe! Stehe!
rief's in ihm, aber er war taub
und taumelte durch Blütenstaub,
sich mehr verlierend, in das Braune,
nicht achtend, daß das Moorgeraune
im Glucksen, Zischen, ihn zu fassen,
ihn warnte, es doch sein zu lassen.

Die Moorfrau gähnte einmal tief,
als er ihr in den Rachen lief.

Moral: Sieh's ruhig an und hab es gerne, was schön ist, gleichsam aus der Ferne.

Ein verkehrtes Herz findet nichts Gutes;
und wer falscher Zunge ist, wird in Unglück fallen.
Wer einen Toren zeugt, muß sich grämen,
und eines Toren Vater hat keine Freude.
Ein fröhliches Herz tut dem Leibe wohl;
aber ein betrübtes Gemüt läßt das Gebein verdorren.
Der Gottlose nimmt gern heimlich Geschenke,
zu beugen den Weg des Rechts.
Ein Verständiger hat die Weisheit vor Augen;
aber ein Tor wirft die Augen hin und her.
Ein törichter Sohn ist seines Vaters Verdruß
und ein Gram für die Mutter, die ihn geboren hat.
Es ist schon nicht gut, daß man Unschuldige Strafe zahlen läßt;
aber den Edlen zu schlagen, geht über alles Maß.
Ein Vernünftiger mäßigt seine Rede,
und ein verständiger Mann wird nicht hitzig.
Auch ein Tor, wenn er schwiege, würde für weise gehalten
und für verständig, wenn er den Mund hielte.
Sprüche 17,20–28

Über die Zeit

Ein Esel, eine Eintagsfliege und eine Schildkröte unterhielten sich leidenschaftlich über das Leben.
»Ja, wenn ich mehr Zeit hätte«, sagte die Eintagsfliege, »dann wäre alles einfacher! Könnt ihr euch vorstellen, was es bedeutet, alles in 24 Stunden unterzukriegen? Geborenwerden, aufwachsen, erleben, erleiden, glücklich sein, altwerden und sterben? Alles in 24 Stunden?!«
»Ich gäbe was drum«, sagte der Esel, »wenn ich nur 24 Stunden zu leben hätte. In kurzer Zeit alles auskosten, was es gibt. Ich stelle mir das herrlich vor: Kurz, aber richtig.«
»Ich verstehe euch nicht«, warf die Schildkröte ein. »Ich bin jetzt 300 Jahre alt. Die Zeit würde nicht reichen, wollte ich euch erzählen, was ich erlebt habe. Es ist einfach zuviel. Schon vor 200 Jahren habe ich mir gewünscht, ans Ende meiner Zeit gekommen zu sein.«
»Ich beneide dich«, sagte sie zu dem Esel, und zur Eintagsfliege: »Mit dir habe ich Mitleid.«
»Wenn ich das so höre«, sagte der Esel, »ich gäbe was drum, wenn ich 300 Jahre alt werden könnte.
Viel Zeit haben, um das Leben richtig auskosten zu können. Ich stelle mir das herrlich vor: Lange, aber intensiv.«
Da schwiegen die drei sehr traurig, weil jeder das Leben nach der Uhr gemessen hatte und sich nun danach sehnte, das eigene Leben zu verlängern, zu verkürzen oder beides zu versuchen.
Da gingen sie zu dritt zur Spinne, die wegen ihrer Weisheit berühmt war, um sie um Rat zu fragen.
»Schildkröte«, sagte die Spinne, »hör auf zu klagen; denn wer hat

schon so viel Erfahrung wie du?« Zur Eintagsfliege sagte sie: »Fliege, hör auf zu klagen; wer hat schon so viel Freude wie du?«
Da meldete sich der Esel und fragte, was sie ihm denn riete. »Dir rate ich nichts«, erwiderte die Spinne, »denn du wolltest beides! Du bist und bleibst ein Esel.«
Als die andern Tiere das hörten, warfen sie ihre Uhren weg und maßen das Leben fortan nach seiner Tiefe und seinem Sinn.

Sei nicht schnell mit deinem Munde
und laß dein Herz nicht eilen,
etwas zu reden vor Gott;
denn Gott ist im Himmel und du auf Erden;
darum laß deiner Worte wenig sein.
denn wo viel Mühe ist, da kommen Träume,
und wo viel Worte sind, da hört man den Toren.
Wenn du Gott ein Gelübde tust, so zögere
nicht, es zu halten; denn er hat kein
Gefallen an den Toren; was du gelobst,
das halte.
Es ist besser, du gelobst nichts, als das
du nicht hältst, was du gelobst.
Prediger 5,1–4

Nimm di nix vör, dann sleit di nix fehl!

Pieks! versuchte der Floh.
Oh! staunte der Elefant.
Knacks! machte der Floh.

Liebes Kind, laß den Armen nicht Not leiden, und sei nicht hart gegen den Bedürftigen.

Verachte den Hungrigen nicht, und betrübe den Menschen nicht in seiner Armut.

Einem betrübten Herzen füge nicht noch mehr Leid zu, und laß den Notleidenden auf deine Gabe nicht warten.

Die Bitte des Elenden schlage nicht ab, und wende dein Angesicht nicht weg von dem Armen.

Wende deine Augen nicht weg von dem Bittenden, und gib ihm keinen Anlaß, dir zu fluchen.

Denn der ihn gemacht hat, erhört sein Gebet, wenn er mit bitterem Herzen dich verflucht.

Jesus Sirach 4,1–6

Gespräch auf dem Fundbüro

Drei Geldbörsen waren abgegeben worden, und zwar von den Müllmännern der großen Stadt.

In der hellgrauen aus Saffian lag ein dicker, satter Tausender. In der schwarzen aus Schweinsleder lag ein gemütlicher, etwas zerknitterter Fünfzig-Mark-Schein.

In dem Kunststoffetui räkelten sich 7 Groschen.

Die Groschen hörten das Schnarchen des Tausenders. »Entsetzlich«, sagte der eine Groschen. »Nicht mal hier hat man Ruhe. Ich kann euch sagen, in den letzten Wochen war bei mir was los: Erst war ich in einer Dose *Brot für die Welt*, danach landete ich für kurze Zeit in einer Rolle auf der Bank, kam anschließend auf den Ladentisch, zwängte mich bald darauf durch den Schlitz einer Musikbox, flutschte über eine nasse Theke, fiel durch den Schacht eines Automaten für Präservative – aus Versehen natürlich; denn ich reichte ja nicht –, rollte eines Tages durch die Gullystäbe, wurde von Jungs herausgefischt, verwandelte mich in Kaugummi, naja und vieles andere mehr. Jetzt bin ich hier und dachte, ich könnte mich mal ausruhen, statt dessen schnarcht da so ein Dicker.«

Alle Groschen hatten ähnliche Geschichten zu erzählen.

Gegen Morgen mischte sich der Fünfzig-Mark-Schein ein; »Hört mal, Jungs«, sagte er trocken, »fast möchte ich euch beneiden: Ihr seid ständig in Bewegung. Mein Leben ist ziemlich langweilig: Ich komme eigentlich immer nur von einer Kasse zur andern. Die Leute überlegen oft so lange, ob sie mich wechseln, ja ob sie mich überhaupt nehmen wollen. Wißt ihr, man kann mit mir so schlecht Zigaretten holen oder Brötchen und so was. Ja, manchmal möchte ich euch beneiden.«

Die letzten Worte hatte der Tausender mitgehört, der soeben aufgewacht war. »Leute, mit euch kann man wenigstens Deutsch sprechen. Seht mal, ich bin noch ganz platt. Mein Problem ist: Jeder will mich, und keiner braucht mich. Ich könnte das große Heulen kriegen, wenn ich daran denke ... ach, ich darf gar nicht daran denken. Ich bin einfach zu groß für die normale Welt und dadurch eigentlich immer allein. Ich kann nur schlafen oder verzweifeln. Und wenn ich wirklich mal mit meinesgleichen zusammentreffe, dann sind es immer dieselben langweiligen Gespräche.«
Da rieben sich die Groschen aneinander, um ihren Adler auf Hochglanz zu bringen, denn sie hatten plötzlich begriffen, daß sie durch ihre Kleinheit einen großen Wert besaßen.
Der Fünfzig-Mark-Schein aber beschloß, sich bald wechseln zu lassen, bei der ersten besten Gelegenheit.
Der Tausender aber schlief wieder ein und träumte vom bewegten kleinen Alltag. Da träumt er heute noch; denn er wurde gar nicht erst abgeholt.

Der Barmherzige leiht seinem Nächsten, und wer ihm aufhilft, der hält die Gebote.

Leihe deinem Nächsten, wenn er's nötig hat, und gib's auch dem Nächsten wiederum zurück zur bestimmsten Zeit.

Halte, was du zugesagt hast, und handle ehrlich mit ihm, so findest du allezeit, was du brauchst.

Mancher meint, er habe gefunden, was er doch geborgt hat, und macht dem Ärger, der ihm geholfen hat.

Er küßt einem die Hand, bis er's empfängt, und redet unterwürfig, weil der Nächste Geld hat;

aber wenn er's zurückgeben soll, so verzögert er's und klagt sehr, es sei schwere Zeit.

Und wenn er's auch kann, gibt er kaum die Hälfte zurück und rechnet's jenem als Gewinn an.

Kann er's aber nicht, so bringt er jenen um sein Geld und macht ihn schließlich sich zum Feind, nicht ohne Schuld;

denn er bezahlt ihn mit Fluchen und Schelten und gibt ihm Schmähworte statt Dank.

Mancher leiht ungern, nicht aus Bosheit, sondern weil er fürchtet, schuldlos um das Seine zu kommen.

Doch habe Geduld mit deinem Nächsten in der Not, und laß ihm aus Barmherzigkeit Zeit.

Hilf dem Armen um des Gebots willen, und laß ihn in der Not nicht leer von dir weggehen.

Verlier lieber dein Geld um deines Bruders und Freundes willen, und vergrabe es nicht unter einen Stein, wo es doch verrostet.

Sammle dir einen Schatz nach dem Gebot des Allerhöchsten; der wird für dich besser sein als Gold.

Jesus Sirach 29,1–14

Das Meerschweinchen und die großen Tiere

Zwischen Tag und Traum lebte einst ein Meerschweinchen mit seiner Familie. Das Leben ging so eine Weile ganz gut, bis ... nun, zuvor muß man noch etwas anderes wissen:

Das Meerschweinchen war von Beruf Nager und liebte diesen Beruf. Es wurde auch von den Tieren der Nachbarschaft oft um Hilfe gebeten.

So war z. B. der Witwe des Geheimrats Kranich der Zaun zugewachsen. Das Meerschweinchen kam sofort und konnte das Problem schnell beheben.

Ein andermal hatte sich Vater Mops mit seiner eigenen Serviette fast selber stranguliert. Das Meerschweinchen konnte mit seinen Zähnen den Guten aus der Not befreien.

Oder: Bei der jungverheirateten Ente war der Nestbau durcheinandergeraten. Auch hier fand das Meerschweinchen Rat.

Schließlich, um noch beim Aufzählen zu bleiben, war einmal in der ganzen Läusebergstraße das Wasserrohr gebrochen. Die Tiere wußten nicht ein noch aus. Nur das Meerschweinchen fand eine Lösung und verhütete Schlimmeres.

Für alle diese Gefälligkeiten bekam es Stundenlohn, wenig genug, aber es reichte zum Leben, und es erhielt viele Dankesreden, die Beteuerung guter Freundschaft und viele lächelnde Schnäuzchen. Ja, einmal hatte ihm das süße Kätzchen von nebenan sogar einen Kuß gegeben.

Wie gesagt: Das Leben ging so eine Weile ganz gut, bis das Meerschweinchen krank wurde. Es bat in der Nachbarschaft um Hilfe. Aber plötzlich ging es Frau Kranich zu schlecht, als daß sie helfen könnte.

Und Vater Mops hatte berufliche Verpflichtungen.
Die Ente gab vor, familiär so überlastet zu sein.
Und die vielen Tiere an der Straße zuckten bedauernd die Schultern, sagten, wie unendlich leid ihnen alles täte, und es sollte sich nicht so viele Gedanken machen: Kommt Zeit, kommt Rat.
Da ging das Meerschweinchen zum Arzt: der hieß Dr. Wolf. Aber die Rechnung ..., nein, diese Rechnung!
Da ging das Meerschweinchen zum Dompfaff; denn der geistliche Herr würde sicher helfen, aber die Pfaffen hatten gerade Konferenz. Da ging das Meerschweinchen ins Delphinarium, also in die Sozialabteilung der Tiere. Aber es hatte übersehen, daß Samstag war: Alle hatten Feierabend.
Da ging das Meerschweinchen nach Haus, wurde noch kränker und starb.

Moral: Wehe, du wirst als Meerschweinchen geboren.

Hungert deinen Feind, so speise ihn mit Brot,
dürstet ihn, so tränke ihn mit Wasser,
denn du wirst feurige Kohlen auf sein Haupt häufen,
und der Herr wird dir's vergelten.
Sprüche 25,21 und 22

Der Traum des Hasen

Der Hase war weit in der Welt herumgekommen, hatte viel gesehen und erlebt und war schließlich heimgekehrt bis an den Waldrand, den er so sehr liebte.
Dort legte er sich nieder, schlief ein und begann bald tief zu träumen.
Er sah, wie die diebische Elster so ganz aus freien Stücken alles zurückgab, was sie gestohlen hatte, sofern es sich noch in ihrem Nest befand. Er fand das wunderbar, weil die Wahrhaftigkeit so gut tat. Und insgeheim tat er ihr Abbitte, denn er hatte sie wohl verkannt.
Er sah auch, wie der Fuchs ehrlich mit dem Raben um den Käse handelte, nicht wie damals, als er ihn betrog. Es war ein schönes Bild, wie die beiden alten Erbfeinde so friedlich miteinander redeten.
Dann sah er, wie die Geier nicht mehr warteten, bis ein Tier erledigt war. Er meinte, im Traum zu träumen, als die Geier sich um ein verwundetes Tier kümmerten, bis es wieder laufen konnte. Ja, so hatte er es sich immer vorgestellt.
Er sah auch, wie der Wolf die Ziegen beschützte, achtgab, daß niemand ihnen Böses tat. Es ging also auch so. Das war herrlich. So richtig Frieden.
Er erkannte, wie die Hyäne nicht mehr auf Beute lauerte, sondern Gras fraß und sich wirklich Mühe gab, ihr schlechtes Image zu verwandeln. Was war nun geschehen? War die Welt plötzlich neu geworden oder ganz alt?
So sah er, wie die Schlangen aufhörten, ihre Opfer zu erwürgen. Statt dessen boten sie sich an, den Unkundigen einen Weg durch

das Dickicht zu bahnen. Einfach erstaunlich.

Er sah auch, wie der Hai das Morden ließ. Statt dessen kümmerte er sich um die kleinen Fische und spielte mit ihnen. Nicht zu fassen, diese Wandlung.

Da erwachte der Hase plötzlich, griff neben sich – und da hatte ihm die Elster das Gepäck gestohlen. Er sah gerade noch, wie der Fuchs den Raben verspeiste, und in großer Entfernung gewahrte er die grausigen Geier. Am Rande der Koppel schlich der gefräßige Wolf und stellte den Ziegen nach, und die Hyäne lauerte auf die Abfälle der Beute. Eine Schlange würgte gerade ein Ferkel hinunter, und am Strand schrie jemand, dem der Hai ein Bein abgebissen hatte.

Da erschrak der Hase! Als er sich gerade verstecken wollte, raschelte es neben ihm, und ein zweiter Hase tauchte auf.

»Du«, sagte er, »ich habe geträumt, daß Frieden auf der Welt ist.«

»Und ich«, sagte der andere, »habe dasselbe geträumt. Ist das nicht herrlich?!

Jetzt sind wir schon zwei.«

Vielleicht ist jeder Traum ein Schritt zur Wirklichkeit.

Eine richtige Antwort
ist wie ein lieblicher Kuß.
Sprüche 24,26

Kinderfrage

Es war an einem wunderschönen Tag, als die Enten spazierengingen. Die Sonne leuchtete hell und schien so richtig warm durch das Federkleid. Vor dem Spaziergang hatten alle ein erfrischendes Bad genommen, anschließend hieß es: Gut einfetten und dann ging der Marsch los.

Eine der kleinen, die Kiki hieß, blieb immer irgendwo stehen, mußte dort schnattern, hier blubbern, ab und zu einmal klecksen und war auf diese Weise immerzu am Ende der Familie. Das Seltsamste aber war: Kiki blinzelte! Ständig blinzelte sie, legte den Kopf etwas schief, kniff die Augen leicht zu und blinzelte.

Alles Fragen half nichts: Warum bleibst du stehen? Warum blinzelst du? Kiki gab sich dann zwar stets einen Ruck, aber bald darauf war es genau dasselbe. Der Spaziergang wurde sehr anstrengend.

Am andern Morgen beim Frühstück fragte die kleine Ente: Sag mal, Ducky, so nannte sie die Mutter, sag mal: Warum leuchtet die Sonne?

Ja, sagte die Mutter, das ist schwer zu erklären. Da oben ist es sehr, sehr heiß, es glüht alles richtig, und dann ist es eben hell.

Mittags war der Vater dran. Warum leuchtet die Sonne? Sieh mal, meine Kleine, die Sonne ist ein riesiger Gasball und besteht zu 70 % aus Wasserstoff, zu 23 % aus Helium, und die restlichen 2 % bilden feste Stoffe. Durch Umwandlung kommt es zu Energie, zu Explosionen, dann ist es sehr heiß, es glüht alles richtig, und dann ist es eben hell. Klar?

Am andern Tag fragte Kiki den Lehrer: Warum leuchtet die Sonne? Der Lehrer war ein belesener und besonnener, von der ganzen Wissenschaft begossener Pudel. Er nahm ein Buch und las daraus vor. – Die kleine Ente hörte gar nicht zu. Warum konnte ihr nur niemand sagen, warum die Sonne leuchtet? War das denn so ein Geheimnis.

Tage darauf traf Kiki per Zufall die alte Igelfrau, von der die anderen Tiere immer sagten, sie lebe so zurückgezogen, sei aber wohl ein ganz kluges Tier.

Warum leuchtet die Sonne? fragte Kiki mutig.

Ja, mein Kleines, das ist ganz einfach: Weil sie lächelt!

Was war das für eine wunderbare Antwort: Weil sie lächelt! Ganz einfach. Natürlich, ganz einfach. Nichts von Gas und von Prozenten. Einfach: Weil sie lächelt.

Am Abend legte Kiki sich glücklich zu Bett.

Du meine kleine Sonne, sagte die Mutter.

Denn Kiki hatte gelächelt.

Der Clown

Als ich ihn sah in Rampenlicht und Spänen,
begriff ich etwas von Erschütterung,
von kleinen Wunden und von großen Plänen,
von tiefem Leiden ohne die Verbitterung,
die sonst die Menschen hilflos macht und kalt
und überfällt nach Laune der Dämonen.
Doch er war weise, jung und wirkte doch so alt –;
ich sah die Liebe in den bunten Augen wohnen.

Die Masse Mensch, die auf den Bänken hockte,
erlebte ganz berauscht die Kuppelsprungartisten.
Und wenn dann diesem oder jenem mal der Atem stockte,
dann galt es nur, die eigne Angst gekonnt zu überlisten.
Wie alles in der Welt nur eine Frage scheint der List,
und wie man Rausch erzeugt und falschen Bann,
so daß das Leben am berauschendsten dann ist,
wenn man sich selbst berauscht oder gar selber springen kann.

Und wenn dann einer kommt – maskiert in neuen Tönen –
und mit der neuen Maske eine alte Wirklichkeit entlarvt
und eine Botschaft bringt, nach der sich alle sehnen,
dann trifft er tote Seelen an, gewohnheitsspeckig unbedarft.
Nur Kinder haben ein Gespür für bunte Augen
und für den Frack, der weiße Pluderhosen schwärzt,
und für die märchenhaften Schuhe, die schon lange nichts mehr taugen,
und für die Botschaft, die beglückt und schmerzt.

Beklatscht wird der, der in dem Angstroulette sein Leben setzt,
und auch beklatscht wird der, der Hunde Männchen machen läßt.
Doch wehe dem, der alles Leben dankbar höher schätzt:
dem gibt man, wenn es irgend geht, den bittren Rest.
Ich sah ihn, wie er diesen Rest behutsam in die Hände füllte
und dann in Melodie verwandelte und hellen Sinn
und damit dann den Rest von Sehnsucht stillte
mit Hilfe seines Instruments so zwischen Frack und Kinn.

Er wurde selbst zum Instrument der Wahrheit, die er spielte;
und mancher sah, daß er, der Clown, zu Tiefen fand,
die er wohl selber durch Erfahrung seiner Hoffnung fühlte,
was ihn geheimnisvoll dann auch mit meinem Sinn verband.
Vielleicht kann nur der Clown noch wirklich Wege zeigen,
vielleicht nur der, der sich zum Clown berufen läßt;
denn ihnen und den Kindern ist beglückend ernst zu eigen:
Die Wahrheit und das Leiden, die Freude und der ganze Rest.

Inhalt

Der Clown 7
Warum die Giraffen einen langen Hals haben 11
Peter und Paul 14
Warum Gott, der Herr, das Böse duldet 17
Die Vögel und die Lilien 20
Der Fanatiker 23
Fabel-hafter Urlaub 26
Fragezeichen 29
Der Stein der tanzenden Fische 32
Louis Salomo 35
Als die Fliegen die Freiheit suchten 39
Die Schildkröten 42
Wer andern eine Grube gräbt 45
Der Streit der Fans 47
Kettenreaktion 49
Der Wolf und die sieben Geislein 52
Die Eule und das Schwein 55
Wer sich übernimmt 58
Königliches Schach 61
Die Fabel von der kleinen Melodie 64
Der Bär, der Philosoph werden wollte 67
Gleichberechtigung 70
Abschied von Claudius 73

Fliegen 76
Der schwarze Rabe 78
Mensch oder Unmensch 81
Die Maulwürfe 84
Noch ist es Zeit 87
Schon viel 90
Simon von Kyrene 93
Die Ameisen 95
Alte Boote 99
Am Tag der Tiere 102
Wes Brot ich es, des Lied ich sing 105
Wenn der Stein spräche 108
Wider die Angst 111
Die Mäuse 114
Die Blume und der Kolibri 116
der konnte kundern 118
Das Wollgras 121
Über die Zeit 124
Nimm di nix vör, dann sleit di nix fehl! 127
Gespräch auf dem Fundbüro 129
Das Meerschweinchen und die großen Tiere . . . 132
Der Traum des Hasen 135
Kinderfrage 138
Der Clown 140

Gütersloher Taschenbücher Siebenstern GTB

107 **Die Hundesöhne** und andere Geschichten für Mädchen und Jungen. Ausgewählt von Weert Flemmig, Hans May und Hans-Heinrich Strube. Illustriert von Frantz Wittkamp. 4,80 DM

108 **Reinmar Tschirch: Mit Kindern leben.** Erziehung in Elternhaus, Kindergarten und Schule. 5,80 DM

109 **Horst Georg Pöhlmann: Wer war Jesus von Nazareth?** 9,80 DM

110 **Johannes Wirsching: Lernziel Glauben.** Einführung in die Theologie. 14,80 DM

111 **Rissel, rassel, rüssel.** Kinderreime, Rätselverse, Abzählreime. Hg. von Dietmar Rost. Mit Bildern von Ludwig Richter. 5,80 DM

112 **Willi Marxsen: Die Sache Jesu geht weiter.** 9,80 DM

GTB Bilderbücher:

113 **Die Schöpfung**

114 **Die Arche Noah**

115 **Jona und der große Fisch**

212 **Die Weihnachtsgeschichte**

213 **Der barmherzige Samariter** Illustriert von Stefan Lemke und Marie-Luise Lemke-Prikken. Je 4,80 DM

200 **Rudolf Otto Wiemer: Der Engel bei Bolt an der Ecke** Erzählungen und Erzählgedichte. 4,80 DM

201 **Sabine Leibholz-Bonhoeffer: vergangen – erlebt – überwunden.** Schicksale der Familie Bonhoeffer. 8,80 DM

202 **J. Brauer/H. J. P. Mehl/K. H. Wrage: Frau und Mann** Partnerschaft – Sexualität – Empfängnisregelung. 9,80 DM

203 **Neue Kinderbriefe an den lieben Gott.** Hg. von E. Marshall und St. Hample. Aus dem Amerikanischen von Gerhard Timmer. 4,80 DM

204 **Kurt Aland: Die Reformatoren** Luther, Melanchthon, Zwingli, Calvin mit einem Nachwort zur Reformationsgeschichte. 9,80 DM

205 **Peter Spangenberg: Der Stein der tanzenden Fische** Fabeln und Einfälle zur biblischen Weisheit. 7,80 DM

206 **Helmut Schmidt: Als Christ in der politischen Entscheidung.** 5,80 DM

207 **Günter Brakelmann: Abschied vom Unverbindlichen** Gedanken eines Christen zum demokratischen Sozialismus. 7,80 DM

208 **Peter Helbich: Gott wohnt nicht im blauen Himmel** Meditative Gebete. 6,80 DM

209 **Claus Harms.** Ein Kirchenvater des 19. Jahrhunderts. Auswahl aus seinen Schriften hg. von Johann Schmidt. 9,80 DM

210 **Gerhard Hennig: Ich bin nicht fromm wie Noah.** Andachten und Gebete für jede Woche. 6,80 DM

211 **Tante Bella und der Luftschiffonkel.** Heitere Geschichten hg. von Gerhard Timmer. (GTB-Großdruck) 4,80 DM